8位影響世界的臺灣研究學者

今晚
不背公式
只說故事

目錄 Contents

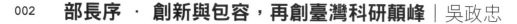

創新與包容，再創臺灣科研顛峰

隨著人工智慧、物聯網、區塊鏈、基因科技等技術飛快發展，科技與生活的距離越來越近，一個人與萬物聯網的社會即將到來，生活中的科技無所不在，人與人之間的連結將更加緊密，不同文化背景、不同性別和不同年齡世代觀念彼此碰撞交流，需要更有智慧的相互包容與體貼，攜手共建一個創新、包容、永續的社會。過去數年來，我一直致力於串聯社會、科技、經濟、環境等各領域人才，共同努力、交流，希望透過跨領域合作，彼此共創、共進、共榮，讓臺灣未來科技發展更能回應社會的需求，營造完整的科學與技術發展的生態系。

科技人才的養成並非一朝一夕，如何激發啟蒙階段的學子寬廣與追尋的精神，需要前人的引領，我希望藉由這本書分享八位傑出研究者的生命故事，讓年輕世代的孩子們站在巨人的肩上，建立自信的基礎，並傳承努力不懈的堅毅精神，繼續讓臺灣在國際科研舞台發光發熱。其中，兩位傑出女性研究者，突破了性別限制，專注於研究，成為臺灣女性科學家的先驅，為後代女性樹立了典範，希望未來能有更多女性踴躍投入科學研究行列，讓社會更多元、永續。

《今晚不背公式，只說故事》是一本首度以臺灣研究學者

為主體的兒少科普專書，有別於側重講述科學原理的科普書籍，這本書從生活視角出發，收錄了被譽為癌症專科之母的彭汪嘉康、創建劃時代的生物統計方法的梁賡義、中研院生醫所與國衛院的重要推手吳成文、華語語音技術享譽國際的李琳山、開啟臺灣結晶學研究的王瑜、引領材料科學研究的陳力俊、運用水下考古開創研究新頁的臧振華，以及小歷史研究先驅的林富士等八位名家的學思歷程，與讀者分享這群臺灣傑出學者的兒時記憶、求學過程和投入研究的始末，除了研究成果之外，每位研究學者也分享自己的生活小故事，全書讀來趣味盎然，充滿感動。

我希望透過書中這一個個故事，能點燃更多莘莘學子心中渴求知識的熱情，投入探索科學未知領域，為臺灣再創下一個科學研究的顛峰。也希望父母和師長能陪伴孩子們一同閱讀本書，讓年輕學子們了解他們與科學研究的距離其實沒有那麼遠，激發年輕一代堅持科研之路的勇氣，投入臺灣科研的行列。

科技部部長　吳政忠

赤子之心是研究者的種子

　　孩子們對於大自然和人類歷史的奧秘和美麗，總是充滿喜愛和想像，他們常常會提出「為什麼會這樣？」的好問題，這就是求知求新的智慧火花。在細心的教育栽培下，小小的熱火就可以推動孩子們，努力成為探索自然現象、發現自然定律、開發創新技術、洞悉歷史發展的科學家和史學家。研究者的故事，常能激發孩子們學習的熱忱，體會探索自然與歷史的樂趣，立志成為未來的研究人才，我很高興看到這一本介紹我國研究者的兒少專書的問世。

　　純真、好奇、良善、謙遜的赤子之心，是很多傑出研究者的特質。「現代科學之父」艾薩克·牛頓在臨終的遺言說：「我好像是在真理汪洋的海邊嬉戲，偶而發現了一顆光滑的石頭，或一個美麗的貝殼，就高興不已的孩子。這時，真理汪洋仍在向我展現所有未被發現的事物。」他更謙遜地說：「如果我能看得更遠，那是因為我站在巨人們的肩膀上。」

　　「微生物學之父」路易·巴斯德曾經說過：「科學無國界，因為知識是屬於全人類，也是照亮世界的火炬！」他又說：「機會偏愛有準備的心靈。」獲得兩個諾貝爾獎的瑪麗·居禮曾說：「在我的一生，大自然的新景象總是令我像小孩般雀躍。」她

也說：「科學家就像一個小孩，在面對自然的奧祕時，就像看到童話書一樣著迷。」

　　傑出的研究者，除了豐富人類的知識，也促進文明的進步。這本好書介紹了八位臺灣優秀研究者的故事，他們都是國際知名的學者，對臺灣的學術研究和人才培育都有很大的貢獻，其中很多位是我欽佩的院士同儕和研究夥伴。我希望閱讀這本好書的孩子們，都能從這些美麗的故事中，努力準備好自己的心靈，隨時把握機會，向選定的人生目標邁進，實現自己的理想！

中央研究院院士　陳建仁

臺灣第一位外科女醫師，
全球第一位發現「血癌染色體變異」的研究員，
引進並成立與國際接軌的癌症專科醫生制度，
開啟臺灣癌症醫學的新里程碑，
彭汪嘉康，被譽為臺灣癌症專科之母。

彭汪嘉康

臺灣癌症專科之母

彭汪嘉康

臉上掛著和藹笑容，年逾八旬卻仍然精神抖擻，彭汪嘉康每個星期在醫院都還有固定的癌症門診，畢生致力於癌症醫學研究，她希望盡一己之力幫助每一位病人。

　　之所以想成為濟世救人的醫生，與她的成長背景有很大的關係，原來她讀初中的時候，三歲的小弟不幸感染肺炎，雖然當時已經有盤尼西林可以治療，但是醫師並沒有全力救治，家人們最後只能眼睜睜看著小弟過世，當時的彭汪嘉康既傷心又氣憤，她告訴母親：「如果我當上醫生，絕不會輕易放棄任何一位病人。」

小女孩的醫生夢，來臺終於實現

　　彭汪嘉康原姓汪，結婚後才冠上夫姓。她出生於中國蘇州，祖父在當地開設一間規模很大的絲綢工廠，為人海派慷慨，時常救濟窮人。祖父因為年少時讀過一些醫書，鄰居和工廠裡的工人常常會來找他看病，病人與家屬為了致謝，經常送來許多禮物。能夠懸壺濟世並且得到人們的尊敬，讓年幼的彭汪嘉康深深覺得祖父很了不起，更對「醫生可以拯救病人」留下深刻的印象！

我要和祖父一樣，
行醫救人！

由於她的祖父非常重視教育，而且對男孩女孩都一視同仁，彭汪嘉康在這樣開明的家庭教育下，從小就喜愛讀書，常常拿第一名，各科成績表現都很優秀，她最喜歡的科目是數學，唯一不擅長的只有體育。

升上高中三年級時，彭汪嘉康原本打算報考上海第一醫學院，但因為父親在臺灣做生意，家人說臺灣也有一間優秀的臺灣大學醫學院，可以實現她學醫的夢想，才說服她跟著家人搬來臺灣。由於當時從上海得坐三天三夜的船才能到臺灣，她一上船就開始暈船，整趟旅程都在昏睡中渡過，到了基隆港靠岸下船後，父親抱著一大串香蕉來迎接，順手拿了一根給她，彭汪嘉康咬了一口：「哇！好香、好甜！」甜美的滋味就像是臺灣給她的第一印象，一輩子都忘不了。

到了臺灣，彭汪嘉康進入臺北第二女中（現在的中山女中）就讀，第二年參加大學聯考。當時的聯考錄取率低、競爭激烈，但是她很有把握，放榜時她還沒去看榜，就聽到對面鄰

居對著她大喊：「妳考上了！」

　　彭汪嘉康終於如願以償，順利考上臺灣大學醫學系，從此踏上她的醫學人生。

　　那一年，臺大醫科錄取了七十一名學生，當中只有九名女生。彭汪嘉康還記得當時的班導師是教授病理學的葉曙教授，她對學生很親切，但上課非常嚴格。她回憶起過往點滴：「醫科的課程不輕鬆，上課要讀很多厚厚的原文書，幸好我的英文還不錯，常被葉教授叫上臺報告。」除了葉教授、教授生物化學的徐千田教授也是她非常喜愛的老師，多年前求學的往事彷彿歷歷在目。

學習認真積極的臺灣第一位外科女醫師

　　進入醫學院後，彭汪嘉康不但熱愛學習，態度也非常積極，當時的醫科要念七年，升上七年級以後，學校會安排學生到醫院各科輪流實習。六年級暑假時，彭汪嘉康特地請人安排她到空軍醫院提前實習，多點磨練的機會，到了正式實習的那年，不管是幫病人抽血、打點滴、採糞便或尿液送驗等工作，彭汪嘉康早已駕輕就熟，練就一身好功夫。

彭汪嘉康（右
四）考進臺大
醫科，女生習
醫在當時非常
稀有，留下難
得的合照。（照
片出處：臺大
校友雙月刊）

　　輪到婦產科實習時，有一晚剛好她值班，遇到了一位懷雙
胞胎的產婦臨產陣痛送來醫院，當時總住院醫師不在，依照規
定實習醫師不能幫忙接生，但由於情況太過危急，她只能硬著
頭皮接生，幸好後來母子均安，產婦的家人也相當感謝這位以
救人為第一的實習醫師。由於在婦產科裡有許多住院的子宮頸
癌病人，當時得了癌症等於被判了死刑，親人也不想來照料，
彭汪嘉康看到這種情形，內心十分感慨，因此，她也以子宮頸
癌作為畢業論文題目，希望未來能找出有效的治療方法，幫助
更多人脫離病痛與絕望。

　　到外科實習時，彭汪嘉康每天早上六點進開刀房，將手術

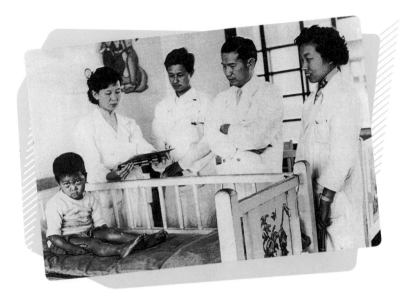

前的準備工作做好，教授開刀時在一旁觀摩，等病人開完刀已經下午五、六點了，還得確認病人狀況穩定才能走。雖然又忙又累，但她仍充滿熱情。

　　有一天，外科主任林天佑來巡房，他觀察到彭汪嘉康的認真與專注，問她：「妳開過什麼刀？」

　　「報告主任，一個都沒有。」她老實回答。

　　「好，今天有一個盲腸的刀就給妳來開吧！」

　　彭汪嘉康很興奮，她很期待能親自進行開刀手術，卻一直沒有機會，她快速翻閱了書本，略作準備後就進入開刀房。開刀時，林天佑主任在一旁從頭到尾不發一語，直到手術結束才稱讚她做得很好。

　　這位林天佑主任是當時國際知名的外科教授和肝臟手術權

威，他對彭汪嘉康留下深刻的印象，最後給她的實習分數打了99 分！

不怕見血、做事明快俐落，彭汪嘉康打破了傳統外科理所當然是男性為主的刻板印象，勇敢進入當時純男性的外科領域。她認為，「外科醫師把刀開好，病人很快就能出院；當內科醫師的話，看個病人可能要花費好幾次的工夫才能治好。」於是在 1956 年，臺大醫院外科錄取了六名住院醫師，彭汪嘉康就是唯一的女性，也是臺灣第一位外科女醫師。

而彭汪嘉康進入臺大醫院外科服務後，林天佑主任的言教和身教讓她受益良多。後來因為臺大外科對住院醫師採逐年淘汰制，最後只能留下一、兩位總住院醫師，雖然彭汪嘉康對自己很有信心，但這也表示其他同學少了一個機會，加上朋友鼓勵她到美國一家專門服務婦女和兒童的醫院工作，幾經思量後，她決定把握出國機會，到海外服務。

坦然面對挫折，開啟人生新頁

當時，林天佑主任聽到她要離開，內心非常不捨，不過彭

汪嘉康也許下承諾，在美國學有所成之後，她一定會回來為臺灣貢獻心力。

於是第二年春天，彭汪嘉康風塵僕僕來到美國。才剛上班就面臨一場「震撼教育」，當時醫院要她測量和判讀心電圖，她嚇了一跳，因為她完全不會！這時她才發現，美國的醫學教育很重視實務，臺灣則偏重理論，雖然她很擅長念書，但所學還是不足，她必須更加努力工作，快速累積經驗，最後終於在三年內升上總住院醫師。

原先她打算考上美國外科醫師執照後就返回臺灣，但沒想到那一年美國不開放外籍醫師考試，不輕言放棄的彭汪嘉康決定換一家醫院服務再等等看。然而在面談新工作時，醫院主管希望她 7 月 1 日上班，但是她已計畫好在 7 月 4 日結婚，對方一聽到她即將結婚，認為已婚女性的工作表現不佳，直接拒絕錄用她。

職場上接二連三的不順利雖然讓彭汪嘉康感到沮喪，但她並不因此而氣餒，也不認為自己身為女性，求職的權利就要受到影響。剛好當時未婚夫有個朋友在美國國家衛生研究院工作，在他的引介安排下，彭汪嘉康和癌症研究所的主任弗雷博士展開面談，弗雷很欣賞彭汪嘉康自信的態度，當場決定錄用。

這樣的因緣際會，讓她的人生有了很大的轉折，進入一個

▲ 彭汪嘉康投入染色體研究，在美國國家衛生研究院實驗室取得很高的成就。

和之前臨床醫師完全不同的研究領域。工作有了著落，婚禮也如期舉行，彭汪嘉康從此邁入嶄新的人生。

首度發現癌症異常染色體

由於彭汪嘉康與弗雷博士面談時，提到自己想做腫瘤細胞

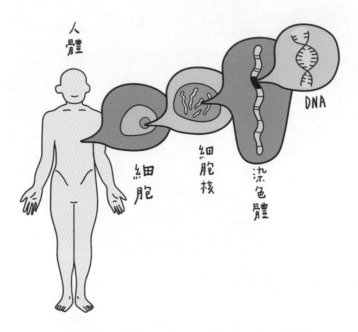

研究染色體的先驅

從 19 世紀末到 20 世紀初期，至少有十幾位科學家發表過觀察人類染色體的論文，但是因為當時實驗技術還不成熟，沒辦法看清楚細胞裡面到底有多少染色體。1923 年，美國遺傳學家佩因特（Theophilus S. Painter）發表了一篇論文，指出人類染色體是 48 條，往後三十多年當中，大家都認為這個數目是對的，科學界也都沒有人質疑或推翻這個數目，直到華裔科學家蔣有興（Joe Hin Tjio）與萊文（Albert Levan）在 1955 年首次觀察並確認人體有 46 條染色體，不是 48 條，從此改寫了教科書，為細胞遺傳學開啟新的一頁。

與染色體改變相關的研究，但是她對於該怎麼開始卻是毫無頭緒，剛好當時旅居瑞典的華裔科學家蔣有興受邀到美國國家衛生研究院訪問，這位蔣有興博士正好是研究染色體的大師，彭汪嘉康也積極把握機會，跟著他學習實驗技術。

當時科學家對染色體的研究不多，甚至很多醫生也沒親眼看過染色體的模樣。「有些疾病是因為細胞的染色體異常造成的天生缺陷，像是唐氏症。」彭汪嘉康心想：「我猜想癌症的發生說不定也是染色體出了問題，如果能找出癌細胞中的異常染色體，就能幫助診斷這個人是不是得了癌症。」

為此，彭汪嘉康每天都待在實驗室裡做實驗，有一天，當她用顯微鏡觀察白血病（血癌）病人的細胞時，「這個是……我找到異常染色體了！」彭汪嘉康興奮的大叫。其他研究員一聽到消息，也都圍過來搶著要看，大家都高興極了！

原來，彭汪嘉康從六位白血病患者身上，找到一個很小的異常染色體，首度證實血癌與染色體異常或缺陷有關。但是指導她的蔣有興博士認為，應該找到十位病例再發表，後來這個異常染色體被其他研究者搶先發表，雖然如此，彭汪嘉康並不氣餒，繼續埋首研究工作。之後她發現血癌細胞的染色體中，某些核酸片段會有移位、刪除等現象，這項發現終於讓她的努力獲得應有肯定。

圖為正常男性 23 對染色體

異常染色體主要分為兩種，都可能會遺傳給下一代。一種是數目異常：人類的染色體共有 46 條（23 對），一半來自爸爸，一半來自媽媽。如果精子或卵子裡面多了或少了一條染色體，結合後的受精卵染色體就會多或少了一條，讓胎兒的某些構造或功能發生異常。例如：唐氏症患者就是第 21 對染色體多一條，所以染色體總共有 47 條。

另一種是結構異常：染色體的數量正確，但染色體本身有一處或多處斷裂或損傷等，使得結構出現異常。

在美國國衛院工作的漫長歲月，彭汪嘉康的兩位研究助理始終相伴，女性從事研究的相互支持，留下了美好的情誼。

堅持與努力，終獲海內外殊榮肯定

身處在男女平權意識不高的年代，為家庭奉獻犧牲的大多是女性，世界各國也很少有女性科學家，在美國也是如此。當時，美國國家衛生研究院裡的研究員清一色都是男性，只有彭汪嘉康是唯一的女性，她也下定決心：「我要更加努力，這樣以後女性才會有一席之地。」研究工作本來就要花很多時間，幸好先生非常欣賞她的才能並且完全支持她，成為最堅強的後盾，讓她無後顧之憂，全心投入研究。

有趣的發現：透過染色體判斷胎兒的性別

「亞瑟 • 弗萊明獎」專門頒給美國公務人員，代表美國公務人員的最高榮譽，彭汪嘉康獲獎的原因是她「用異常染色體診斷出癌症」這個發現，其實她還有另一個發現「孕婦能透過抽血來驗出胎兒的性別」，因為胎兒的血球有時會從臍帶跑到媽媽身上，所以如果在媽媽的血液細胞中看到 Y 染色體，就表示懷的是男寶寶，而且大概懷孕兩、三個月時就能檢驗出來。這個發現也讓審查委員覺得十分有趣，沒想到染色體研究除了可以幫助診斷疾病，也能判定胎兒的性別。

做晚餐、陪孩子，我也很喜歡當媽媽這個角色，感謝先生全力支持！

「媽媽，你今天怎麼在家？」平常四個小孩大多都由先生照顧，偶爾週末彭汪嘉康待在家沒去實驗室，孩子們反而覺得奇怪。但是做菜對汪嘉康來說是一種放鬆的方式，擁有一雙巧手的她，不管是手術刀、還是菜刀，運用起來都游刃有餘！因此，她不管再忙， 都會抽空回家煮晚餐，和先生、孩子們一起用餐後，再趕回實驗室繼續工作。

獲頒美國「亞瑟 · 弗萊明獎」，彭汪嘉康（下排中）是首位女性得獎人、也是首位外籍人士獲獎。報紙上大幅報導。

得知彭汪嘉康在美國國家衛生研究院工作，她過去的恩師葉曙和徐千田兩位教授，只要有機會去美國開會或演講，就會順道來看看她。弗雷主任每次都會在老師們面前極力稱讚彭汪嘉康的表現，讓兩位老師十分開心又驕傲，他們也都深深肯定彭汪嘉康所做的研究工作非常有意義。

因此，當 1966 年臺灣舉辦「十大傑出女青年」選拔時，兩位老師立刻提名彭汪嘉康，卻被她婉拒，她不好意思告訴老師說自己買不起機票，沒辦法回來。兩年後，她到日本出差，終於可以順道回臺灣，這次老師再度提名她，並順利入選為十大傑出女青年。細心的徐老師還事先買好日本到臺灣的來回機票，寄到日本給她，疼惜學生之情讓她備受感動。

沒多久，彭汪嘉康也因為能用染色體來判斷癌症的研究成果，獲頒美國「亞瑟 · 弗萊明獎」，這個獎項在她之前，從來沒有女性得獎人，也沒有美國籍以外的人士獲獎，彭汪嘉康是第一位得到這項殊榮的外籍人士與女性科學家，她的努力與堅持，終於獲得肯定。

彭汪嘉康（右）
榮獲癌症醫學終
身成就獎。

奠定臺灣癌症治療的基礎

　　五十年多前，癌症被視為不治之症，罹癌幾乎就是等待死亡。1960 到 1980 年間，美國國家衛生研究院研發出多種癌症新藥，使癌症存活率大幅增加，這些令人振奮的消息，燃起了全世界罹癌病患的希望，等不及新藥上市的病人們，想盡辦法透過各種關係希望能有機會參與美國國家衛生研究院的臨床試驗，使用新藥抗癌，爭取一線生機。

　　在這樣的時代背景下，彭汪嘉康不辭勞苦幫助了許多臺灣罹癌病患參加這項臨床試驗，但慢慢地美國國家研究院給外籍病患的名額逐步縮減，再加上她也注意到當時嚴重威脅國人生

命健康的肝癌、胃癌、鼻咽癌和子宮頸癌等，在美國並不被重視，因此不是研究的重點；除此之外，同樣的藥用在臺灣病人身上的治療效果，也沒有西方人那麼好。她心想：「光靠美國不是辦法，臺灣應該要想辦法提升自己的癌症治療水準。」

1984 年 7 月，彭汪嘉康當選了中華民國中央研究院第十五屆生物組院士，她坦言自己相當意外，不過，獲得了這項至高無上的榮譽，對國家就有更大的責任，她希望運用所學與研究來造福整個臺灣社會。於是，之前在她心中深藏許久想要

癌症與遺傳

癌症發生的主因是細胞的基因產生突變，讓細胞產生不正常的增生而發展成惡性腫瘤，如果異常增生的細胞無法受到身體裡的防禦機制控制，癌細胞就會不斷增生，最後影響身體正常機能運作。

有些癌症基因會遺傳給下一代，當家族中有人得到癌症，其他成員得到癌症的風險也會比較高一點，例如：遺傳性的乳癌、卵巢癌和大腸癌。科學家研究癌症基因和異常染色體，就是要找出造成癌症的遺傳因子，幫助醫師診斷，研發藥物，以及幫助有家族遺傳史的人提早預防。

提升臺灣治療癌症水準的想法，終於有機會得以實現。

她提出幫臺灣訓練腫瘤專科醫師的想法，獲得許多人支持，在美國的科學家吳成文博士（與彭汪嘉康當選同一屆的中研院院士）已先回國幫忙。彭汪嘉康也運用她的好人緣，邀請了多位全美知名重量級研究癌症專家、學者，輪流到臺灣幫醫師們上課，還直接研究探討本土的案例，更了解臺灣人罹癌後的病情變化。

這項「內科腫瘤專科醫師訓練計畫」特別邀請建立美國腫瘤專科醫師制度的「美國腫瘤學之父」的柯本（Paul Carbone）主持，目的在訓練、培養癌症臨床研究及治療的專門人才，希望提供臺灣癌症病患更專業的醫療技術及諮詢。臺大醫院、三軍

什麼是癌症篩檢？

癌症篩檢是指在癌症還沒出現症狀前，透過血液、尿液、糞便、基因或超音波等檢查，幫忙早一點發現癌症。

定期做癌症篩檢可以有效降低癌症死亡率及提高存活率，例如：30 歲以上的女性，每三年應做一次子宮頸抹片檢查，可降低約 70% 子宮頸癌死亡率；每兩年做一次乳房 X 光攝影檢查可降低41% 乳癌死亡率；50 歲以上的成人，應每兩年做一次糞便潛血檢查，可降低 35% 大腸癌死亡率；30 歲以上有吸菸或吃檳榔的人，應該每兩年做一次口腔黏膜檢查，可降低 26% 口腔癌死亡率。

來臺灣教
更多腫瘤
科醫生，
提升醫療
是很好的
奉獻。

1989 年 6 月彭汪嘉康（右一）邀請柯本（Paul Carbone）（左二）來臺，也與另一位院士吳成文（中）等人，共同推動國際癌症研討會的舉辦。

總醫院和榮民總醫院共派出 13 位醫師參加訓練計畫，經過兩年包括癌症臨床研究、基礎研究及臨床治療訓練的課程後，受訓醫師參加了跟美國腫瘤專科醫師一樣正式而嚴謹的專科醫師考試，成立一支精良的「抗癌部隊」，為臺灣組成第一道抗癌防線！

　　自此，臺灣的癌症醫學在彭汪嘉康的推動下，來到歷史的

2008 年第一屆臺灣萊雅「傑出女科學家獎」，彭汪嘉康（前排中）獲獎和女學生們分享榮耀，鼓勵女性從事研究。

關鍵轉捩點，展開與世界接軌的新里程碑，這些貢獻也讓彭汪嘉康被公認為「臺灣癌症專科之母」！

當時她已經是美國國家衛生研究院資深主管，為了能與抗癌部隊站在第一線與癌症作戰，雖然已經年屆 60 歲，卻還是回到美國醫院接受嚴格的專科醫師訓練，從頭開始一步一步學習，取得內科腫瘤專科醫師的資格！

畢生奉獻抗癌研究

「老師，我回來了！」1994 年，彭汪嘉康離開工作了 33 年的美國國家衛生研究院，回臺灣貢獻所學，重視承諾的她，終於實現當年與林天佑主任的約定。

彭汪嘉康回來臺灣後，開始擔任中央研究院生醫所癌症臨床研究中心主任，將她在美國的經驗傾囊相授，帶領臺灣癌症醫學大步前進。她與吳成文院士等人也共同推動成立國家衛生研究院，提升國內的研究水準；成立臺灣癌症基金會，幫助癌症病患和家屬面對癌症，同時推廣「天天五蔬果」和「彩虹蔬果五七九」等防癌飲食習慣。

　　透過彭汪嘉康和醫學界的努力，臺灣癌症醫療水準如今已大為提高，有很多國外的病人甚至特地跨海來臺灣求診。一般國人也有健康意識，知道平常要注意飲食，遠離香菸、檳榔和酒精等致癌因子；即使罹患癌症也不用怕，只要定期做癌症篩檢，早期發現、早期治療，很多癌症是可以完全治好的。

2009 年彭汪嘉康為北醫體系醫院進行神經腫瘤專科醫師訓練計畫開場演說。

一生大部分的時間都奉獻給癌症研究，彭汪嘉康帶領醫界對抗癌症的成就獲得許多獎項榮譽的肯定，但她總是謙虛的說自己很幸運，一路上遇到許多貴人幫忙，「光憑我自己一個人的力量是沒辦法完成這麼多事情的，一定要找大家共同參與，只要每個人都能貢獻出一份心力，事情就會愈來愈好，社會也會愈來愈進步。」END

彭汪嘉康小檔案

現職：臺北醫學大學講座教授暨醫學科技學院副院長
　　　臺北醫學大學臺北癌症中心創院院長
學歷：國立臺灣大學醫學系學士
　　　國立臺灣大學名譽博士
經歷：美國國家衛生研究院研究學員、客座研究員、資深研究員、
　　　腫瘤細胞遺傳部門主任
　　　美國亞瑟·弗萊明獎得主
　　　中央研究院第 15 屆院士
　　　臺北榮民總醫院名譽顧問
　　　中央研究院生醫所研究員、癌症臨床中心主任
　　　國防醫學院教授、國立陽明大學教授、國立臺灣大學教授
　　　國家衛生研究院癌症研究組組主任、癌症研究所所長、
　　　名譽研究員
　　　臺灣萊雅第一屆傑出女科學家獎

不管未來想做什麼，一定要親自去嘗試看看再決定，
不要侷限住自己，找出自己想走的路，並堅持到底。

臺灣生物醫學奠基者

身為全球利用物理方法研究生物現象的先驅，
吳成文是全世界第一位發現
決定基因表達的重要酵素與轉錄因子
含有「鋅」的科學家，
更是中研院生物醫學研究所、
國家衛生研究院的重要推手。

吳成文

優雅的儀態、溫柔的語調，臺灣生物醫學研究的重要推手吳成文，言談間總給人如沐春風的感受。雖然年過八十，他還是朝氣蓬勃地持續做著醫學研究。人生有半世紀的歲月奉獻給生物醫學的研究領域，這位國際知名的科學家，不僅研究實力卓越，更值得稱道的是一手催生中央研究院生物醫學科學研究所（簡稱：中研院生醫所）和國家衛生研究院（簡稱：國衛院），為臺灣生醫研究開創新紀元，關鍵性的卓越貢獻，為世人津津樂道。

▲ 2020 年，吳成文在陽明大學實驗室，年過八十歲的吳成文，仍然專注在生醫研究領域。

臺灣生醫研究實力，急起直追

生物醫學的發展，與維護人類健康、預防疾病發生息息相關，但在三十多年前，臺灣從事生醫研究的人很少，甚至不及國外一所大型實驗室或藥廠動輒好幾千名研究員的規模，加上學術資源分散在各大學、醫院和一些公家機關。吳成文回憶，當時的臺灣，很難長期培養專業人才，許多科學家多半都是單打獨鬥。

「那時候，我很想透過整合與成立專屬機構，有系統的提升國家整體的科學實力。」這是吳成文協助政府成立中研院生醫所及國衛院這兩座大型研究機構的用心。果然，研究

什麼是生物醫學？

生物醫學是指將生物、物理、化學等科學知識應用於臨床醫學。例如：分子生物學、生物化學、生物技術、細胞生物學、生物工程、細胞遺傳學、生物統計學、微生物學、病毒學、寄生蟲學、生理學、病理學，藥理毒理學等，只要涉及人體健康與生物學的相關學科都涵蓋在生物醫學的範疇。

機構成立後，臺灣終於開始有計畫的培育癌症、感染等專業人才，年年發表重大研究成果，學術成就斐然；甚至在腸病毒、SARS 和禽流感等幾次重大事件中，快速掌握疫情，研發新藥和疫苗，遏止重大傳染，成為守護國人健康最大的幕後功臣。

聰穎早慧的心靈

1938 年出生於臺北萬華的吳成文，幼年時體弱多病，讓父母操足了心。他記得有一次出麻疹又嚴重貧血必須住院，他的父親甚至輸血給他，才保住這個脆弱的小生命。兒時受到無微不至的照顧，吳成文體認到父母無盡的愛，一輩子都感恩，他常說：「我在愛的環境中長大，因為被關愛而了解愛，愛是付出、無私與關懷，會設身處地替他人著想；懂得愛的人，自會心胸開闊、積極樂觀。」

進入小學就讀後，吳成文擺脫了幼年時的孱弱，學業成績也顯露過人的資質，不僅在校始終保持第一名，也深具領導力，小學一到六年級都當班長。除了天資聰穎、學習力強，吳成文的想法也比同齡的孩子成熟很多，同學們總是開玩笑的喊

快來聽我講古！
七俠五義，行俠仗義！

他：「老頭！」、「老頭！」，由於他心思細膩，同理心也強，所以即使身為資優生也不鬧孤僻，和同學們打成一片，備受老師們疼愛。

那個年代的孩子，放學後的遊樂場，就是廟口公園，看人耍雜技、聽說書，吳成文聽著聽著，也消化吸收了這些傳奇故事，在學校的自習課時段，總是把《七俠五義》、《包公傳》信手拈來說給大家聽，不但同學愛聽，連老師都聽得入迷，足見他說故事的本領有多強。

在他 12 歲時，有位美國哈佛大學教授到臺灣來進行小學生的智力測驗，測驗結果出來後，教授交給吳成文一封信，請他一定要轉交父母。他偷偷打開信件，發現信中的內容是：「孩子的智商已與 22 歲成人相當，希望父母一定要好好栽培他。」這封信對吳成文產生極大的影響，原來自己的心智比一般小孩成熟，在學業與待人處世上，會比一般同學有優勢，但他不因此驕傲自滿，反而體認到應該要謙虛，盡力幫助別人，才不會辜負與生俱來的天賦。

飛揚輕狂的年少

國小畢業後，吳成文中學生活非常多采多姿。積極開朗、領導力強的吳成文，又連任了三年班長，高中時還擔任學生會會長，這個階段影響他最大的是走入童子軍的世界，而且讓他一生熱愛。

原來，吳成文從初中一年級就開始參加童軍訓練，陸續通過測試，晉級到最高階的「羅浮童子軍」，這不僅是快樂的回憶，也讓他學習到許多技能，以及注重團隊紀律、榮譽與互助合作的精神。初三時，吳成文更在全國大露營活動中，勇奪全國模範童子軍，也因此代表臺灣參加在菲律賓舉行的世界童子軍大露營。

因為參加世界童子軍大會吳成文錯過了期末考，回國後必須補考，他各科的補考成績一如往常都是高分，唯獨國文老師汪中給他六十分。當時，嚴謹治學的汪老師把他叫過去，跟他說：「因為這段時間你的國文沒有進步，我只能給你六十分。」吳成文了解老師殷切的期盼，內心不但不介意，反而更加自我警惕，明白保持進步是自己和自己賽跑，而不是成績單上的分數而已。

吳成文也有頑皮的一面，開啟他對物理熱愛的高中物理老

師張書琴，曾被吳成文氣得半死。「張老師很有個性，一頭蓬鬆的頭髮神似愛因斯坦。」吳成文描述，班上同學喜歡捉弄老師，戲稱她是「老太婆」，後來乾脆用英文「old per」代替。有一次他在教室黑板上寫了「old per」，忘了擦掉就回家了，老師看到大發脾氣，同學們通風報信，吳成文心想大事不妙，急忙趕到老師的宿舍，站在門外跟老師道歉，老師沒有開門，很生氣的說：「我要記你三個大過！」說完又補了一句：「我記在心裡。」聽到這裡吳成文才鬆了一口氣，他很感激老師對他年少輕狂的包容。當時的師大附中校風自由開放，帶領少年吳成文展開探索世界之旅，他也感念老師們給他的影響。

 吳成文15歲就得到全國模範童子軍，代表臺灣出國參加世界童子軍大會。

幾經波折走上醫學之路

　　由於高中畢業成績又是全校第一名，吳成文可以保送大學任何科系，雖然父親希望他當醫生，但是吳成文後來選擇就讀臺大電機系，既能讀他喜愛的物理，將來又可以當工程師。那時候吳成文對愛因斯坦的相對論非常著迷，大學生活能沉浸在喜愛的物理中，讓他覺得十分快樂，只是父親對他從醫的期望落空，失望之情溢於言表，為了讓父親開懷，他承諾父親參加醫學系的轉系考。

　　到了暑假，吳成文完全忘記這件事，跟同學跑出去露營，直到弟弟急忙跑來找他回家，才知道再過兩天就要轉系考了，吳成文只好臨時抱佛腳，硬著頭皮上考場。一到現場發現有兩、三百人報考，但是只錄取兩個名額，他心想自己才念了兩天書，應該考不上吧？於是單純埋頭作答，心想盡力就好。

從電機系轉到醫學系，找到研究興趣，一樣能展翅高飛！

跨入生醫領域
的吳成文。

　　後來轉系考試的成績公布，竟然看到自己被錄取，這下換
他悶悶不樂，父親都看在眼裡。暑假結束後，父親告訴他：「如
果你那麼喜歡電機系的話，就回去註冊吧！」吳成文興高采烈
的回到電機系，沒想到因為通過轉系考，電機系名額已由別人
遞補，這時，吳成文無法回頭了，這才走上醫學之路。

　　剛開始轉入醫學系，因為不喜歡死背醫學名詞，吳成文興
趣缺缺，後來他從做實驗找證據、得到結論的過程中，逐漸
找到樂趣。大三時，有一次吳成文在圖書館無意中看到華生
（James Watson）與克里克（Francis Crick）發表 DNA 雙股

華生與克里克的重要發現

1953 年，美國科學家華生與英國科學家克里克共同發表遺傳分子 DNA（去氧核糖核酸）由雙股核苷酸構成，形狀就像旋轉梯一樣，所以稱為雙股螺旋。

每一股 DNA 都是由四種含氮鹼基：A（腺嘌呤）、T（胸腺嘧啶）、C（胞嘧啶）和 G（鳥嘌呤）組合排列組成，而且固定以 A -T、C -G 的型式配對，彼此以一種叫做「氫鍵」的吸引力連結。這個發現是二十世紀的重大科學突破之一，華生與克里克也因此得到 1962 年的諾貝爾生物醫學獎。

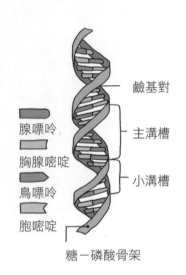

腺嘌呤
胸腺嘧啶
鳥嘌呤
胞嘧啶

鹼基對
主溝槽
小溝槽

糖－磷酸骨架

螺旋結構的論文，十分驚奇與感動，他心想：「沒想到複雜的生命現象，竟然來自這麼簡單的結構！」引發他想進入科學研究的世界，親眼看看 DNA 的樣子。也促使往後數十年的研究，讓吳成文在全球生醫領域深耕，成為國際知名的頂尖研究學者，這也說明找到興趣，持之以恆，就能走向成功之道。

為助更多人，立定科學研究志向

　　認定目標、努力實踐。吳成文鼓起勇氣，直接到生物化學系林國煌教授實驗室拜託老師讓他到實驗室學習，林國煌教授欣然同意，並指導吳成文進行第一個實驗，找出新的血醣定量檢測法。他整個暑假都待在實驗室裡，順利得到成果，在《臺灣醫學會雜誌》發表生平第一篇研究論文。接著，他又開始計畫進行有關 DNA 的研究，當時醫學院還沒有人研究這麼新的主題，好不容易找到細菌學科的潘以宏教授，並自願當一個月的洗瓶工，才如願進入實驗室。

　　七年級到醫院實習又是一番新的體驗，吳成文細心觀察病人的病徵，再閱讀相關的醫學文獻，像偵探般抽絲剝繭找出答案，得到許多意想不到的學習經驗。例如：在婦科實習時，有一位挺著大肚子的婦女來做產檢，病歷表上也有產檢的各項數據紀錄，但吳成文再怎麼檢查都找不到胎兒的跡象，只好跟教授報告，照過 X 光之後證實這名婦人沒有懷孕，原來是因為太想懷孕才會出現月經停止、嘔吐害喜，甚至肚子隆起等「假性懷孕」徵兆。

　　雖然吳成文在臨床工作上表現相當優異，獲得婦產科、內科、眼科等教授們的賞識，加上父親也非常希望他能成為一位開業醫師，既能救人、社會地位高也受人敬重，而且醫師的豐

吳成文（中）
的博士畢業典
禮，與父母、
妻兒在凱斯大
學校園合影。

厚收入對於家境能有所幫助。但吳成文內心深處始終覺得，當
醫師雖然滿足了經濟上、精神上的需求，但並沒有滿足自己的
「心之所向」，那就是「對未知的探索、知識上的追求、智慧
上的滿足。」

　　他期許自己成為一位基礎研究者，若能在研究上有所發
現，促進醫學進步，對疾病有更多的了解，在療法或是藥物上
能夠創新，那麼造福的人數就大於看診的人數，或許報酬不若
當醫師，但對於自我滿足及對人類的貢獻將會遠遠大於單純做
一位醫師。

　　由於實習時吳成文就與未婚妻陳映雪結婚，服完兵役後，兩
人一同到美國的凱斯西儲大學攻讀博士。數十年後，兩人都成為
卓然有成的傑出科學家，只是陳映雪後來罹癌，與癌症抗戰十三

年，歷經五十三次化療，無畏打擊與病魔對抗的精神，令人敬佩。

回溯吳成文初到美國時，也歷經一段摸索期，直到遇到研究微生物遺傳的高仕偉教授開啟他研究基因的興趣，高仕偉（David Goldhwait）教授讓吳成文到他的實驗室，交給他的

RNA 聚合酶的功能

生物的遺傳訊息儲存 DNA 中，每次細胞分裂時，DNA 會經過複製，讓每一代的細胞都帶有同樣數量的基因。當細胞需要表現某個基因的功能時，會將 DNA 的訊息轉錄到 RNA 上，再由 RNA 轉譯到蛋白質，由蛋白質執行細胞功能。RNA 聚合酶是一種負責拿 DNA 當模板製造 RNA 的酶。RNA 聚合酶會通過轉錄的過程，完成製造 RNA 的工作。

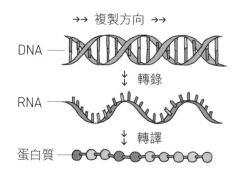

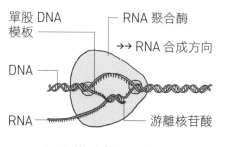

RNA 的形成過程示意圖

第一個任務，就是從大腸菌中分離出 RNA 聚合酶。在他之前，其他研究人員已做了兩年還是沒有成功，當年做這種實驗必須全神貫注，不但三、四天不能睡覺，還得穿著厚重的衣服，在低溫的房間內進行，一不小心就會前功盡棄，但吳成文接手後不久，就成功分離出 RNA 聚合酶。

自此，吳成文開始嶄露他的研究天分，三年內就拿到博士，打破學校幾十年來的紀錄。他的博士論文內容是有關基因轉錄過程中，RNA 聚合酶可分為結合、起始、延長及終止四個步驟，解開 RNA 聚合酶在基因轉錄的分子機制，不僅得到口試委員的高度肯定，現在也已成為教科書中的定論。

實事求是做研究，造就全球第一

拿到博士學位後，是順從父意返臺當醫生？還是要留在美國繼續做研究？高仕偉教授認為吳成文是難得的科學人才，不斷鼓勵他留在美國繼續發展。也因為吳成文抱定成為基礎醫學研究學者的初心不變，於是，選擇繼續留在美國從事基因遺傳研究，探索生命的奧祕，自此，吳成文開展他的學術生涯，陸續在康乃爾大學、愛因斯坦醫學院、法國巴黎的巴斯德研究

▲ 吳成文在紐約州立大學
石溪校區的實驗室。

所、紐約州立大學石溪校區擔任教授，發表許多重要的論文，
在國際享有崇高的學術地位。

　　身為指導教授，他對學生的要求十分嚴格，而且做研究的
態度要確實，實事求是，這是研究的基本精神。現在許多國際
間頂尖的科學家，像日本的生物物理學家島本伸雄，韓國的分
子生物學家姜昌洪，都是他的學生。

　　到了 1983 年，吳成文又發表了一篇重要的論文，讓他的
聲望更上一層樓。原來，他從非洲爪蛙的卵分離出 RNA 聚合酶
轉錄因子，經過細心研究，發現裡頭含有鋅離子，因為這個轉
錄因子蛋白質的形狀類似手指，因此也被稱為「鋅手指」，吳

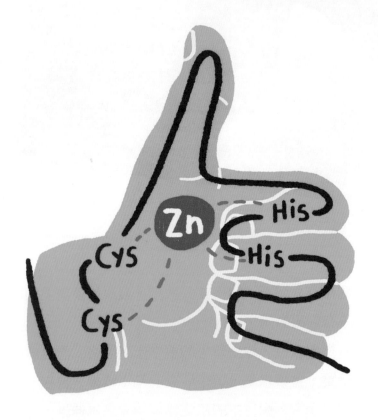

神奇的「鋅手指」

鋅手指是一種形狀像手指的蛋白質構造，具有這種結構形狀的蛋白質能與 DNA、RNA、蛋白質甚至脂類結合，這種結構控制的分子互動影響人體控制基因表現、免疫功能、酵素組成、促進胰島素分泌、維持味覺及促進食慾等重要功能。

成文是全世界第一個發現鋅手指的科學家，現在已經知道有上千種蛋白質中含有鋅手指。

回國定居，激勵學術創新

1983 年，吳成文應在美國任教的中研院曹安邦、王倬等幾位院士的邀請，與幾位旅美的華裔科學家一同參與分子生物研究所（簡稱：分生所）的海外徵才工作。有機會能為家鄉服務，大家都義不容辭，吳成文建議可利用教授的每七年有一年的年休假禮遇，輪流回臺灣擔任籌備主任，等到基礎穩固後，再找一位科學家回國長期服務。

為了進行中研院分生所的徵才工作，熱心的吳成文光是那一年，就飛回臺灣六次。1987 年，吳成文利用年休假回來接替錢煦院士擔任中研院生醫所籌備處主任，解決和改善實驗室的問題、延攬一流的科學人才、推動各項研究計畫，並籌建第二棟研究大樓。但是第二年他得回美國，因為石溪校區的實驗室還有三個研究計畫，學生們都在等他回去指導；而臺灣這邊，更是渴望他能留下來長期奮戰，連當時的中研院院長吳大猷也幫忙勸說。對吳成文來說，美國高等學院提供優質的研究

環境，另一邊雖然沒有對等的資源，卻是自己的故鄉，這真是兩難的抉擇。

沉澱下來，吳成文跟自己說，「我做研究就是希望能對人類做出最大的貢獻，哪一邊更需要我，我就去！」於是他放棄國外的高薪和名校邀約，在學術事業如日中天時，辭去美國的教職，回臺定居。

就在下了決定後，剛巧石溪校區的校長來臺訪問，他滿心認為吳成文為臺灣發展中研院生醫所是學校的光榮，於是他也協助處理吳成文原先在美主持研究計畫和教學的事宜，

2003 年，吳成文（左四）領導研究團隊，舉辦國衛院創傷弧菌研究成果發表記者會，這是國內科學家首度完成微生物的基因定序。

讓他能順利返臺。就這樣，吳成文成為當時第一位返臺定居的中研院院士，也成為旅外科學家返臺貢獻的先驅。1984 年，吳成文以 46 歲的年紀當選中研院生物組史上最年輕的院士，

同屆獲選院士的彭汪嘉康是他臺大醫學院的學姊，兩人後來在中研院生醫所共事，也是推動國內抗癌工作並肩作戰的盟友。

　　1990 年代初期，臺灣缺少國際級科學家，研究經費、資源也不足，吳成文和海外院士們都認為必須成立一個國家醫學研究中心，整合學術界的力量，才有機會與他國競爭。於是在當時的衛生署署長張博雅大力支持下，政府成立國衛院規畫小組，聘請吳成文當主任，他找了幾位成員日夜不停討論，規劃出國衛院的藍圖。

　　但是當時很多人不明白已經有中研院生醫所，為什麼還要成立國衛院？紛紛提出質疑甚至加以阻撓，為了讓學界和醫界了解成立國衛院的必要性，吳成文秉持著童子軍「獨立」、「拓

▲ 童子軍的信條與精神：「獨立」、「拓荒」、「創造」、「服務」在吳成文（左）身上展露無疑。（照片提供：臺北市童軍會）

荒」、「創造」、「服務」的精神，在全國舉辦了 150 場的說明會，和大家面對面溝通，由此可看出吳成文認真的個性，一旦做了決定，就會全力以赴。

幾番堅持，終於過了行政院這一關，接著還得讓立法院同意編列預算，他常常守在立法院的議場外面等待設置條例的審查結果，不論瓶頸還是困難，吳成文從不打退堂鼓。1995年，歷經六年的努力，國家衛生研究院終於正式掛牌成立，董事們一致推舉由吳成文擔任創院院長。憑藉著在國際學術界的聲望和人脈，吳成文延攬超過一百位學者回臺灣服務，

他希望為臺灣打造出生命科學研究的基礎，讓多年的辛勤灌溉展現豐碩的成果。

一生堅持無悔的抉擇

創院十年後，吳成文在第二任期屆滿離開國衛院，回到最愛的生醫所實驗室，與陽明醫學大學的研究團隊投入肺癌基因體及癌幹細胞研究，希望找出致病原因和防治方法，繼續守護國人的健康。

吳成文獲頒
2011 年總統
科學獎，於
頒獎典禮上
致詞。

天資聰穎的吳成文，沒有浪費上天給他的禮物，一步一腳印的努力實現理想，他總是勉勵學子要好好把握有限的人生，不要虛擲寶貴的光陰，才不會留下遺憾。吳成文認為，一個人不管獲得多少榮譽、獎項，都會隨著時間流逝，但是研究上的發現，或是推動臺灣生醫研究的發展及建設，這樣的影響就能源遠流長。他希望將學識與寶貴的經驗傳承給下一世代，讓生命科學的火炬永不止息。**END**

吳成文小檔案

現職：國立陽明大學與交通大學特聘講座教授

學歷：國立臺灣大學醫學系學士
　　　美國凱斯西方儲備大學生化博士

經歷：美國愛因斯坦醫學院生物物理學系教授
　　　美國愛因斯坦醫學院發展生物學及癌症學系教授
　　　法國巴斯德研究院客座教授
　　　美國紐約州立大學石溪分校醫學院講座教授
　　　美國加州大學舊金山分校醫藥化學系兼任教授
　　　美國哈佛大學柏特‧費里基金會教授
　　　中央研究院第 15 屆院士
　　　中央研究院生醫所特聘研究員兼首任所長
　　　國家衛生研究院規劃小組籌備處主任、創院院長
　　　TACT 臺灣細胞醫療促進協會榮譽理事長
　　　世界細胞生物學學會會長

我選擇科學研究，希望窮究真理、
解開生命奧祕，滿足於追求智慧的創新。

享譽國際的生物統計學者梁賡義，
研究發表的「廣義估計方程式」，
為生物統計帶來劃時代的進步，
影響了人類藥品研發、疾病醫療與預防研究，
更帶領臺灣用統計對抗全球疫病大流行。

$$\sigma^2 \begin{bmatrix} 1 & \rho & & \rho \\ \rho & 1 & & \\ & & 1 & \\ \rho^{p-1} & & \rho^{p-1} & \end{bmatrix}$$

梁賡義

開啟生物統計新紀元

從小就熱愛數學、清大數學系畢業後赴美深造生物統計的梁賡義，年輕時不僅和夥伴共同設計了「廣義估計方程式」（Generalized estimating equation, GEE），影響了人類藥品研發與疾病醫療研究。如今擔任中華民國國家衛生研究院院長的他，更在 2020 年的全球疫病大流行中，帶領國衛院扮演起疫情智庫角色，為國家防疫提供各項政策建言，並加緊研發快篩試劑、新藥和疫苗，以守護國人的生命與健康。

用「統計分析」對抗全球大流行

2020 年初開始，全世界各地爆發新冠肺炎（COVID-19）流行疫情，為了加緊防疫，衛生福利部提出各項防疫政策，嚴守國門，除了宣導勤洗手、戴口罩，並加強通報和篩檢，且嚴格執行隔離政策，以確保國人健康。然而，衛福部一連串的防疫措施與政策提出的背後，除了聽取醫護人員在醫院第一線的治療訊息外，更諮詢了國家衛生研究院專業團隊，他們的努力讓臺灣防疫有成，全世界都看見。

尤其是國家衛生研究院院長梁賡義，在這次疫情中以任務

為導向，號召科學家們全心投入新冠肺炎研究，在最短時間內，提出有效阻絕病毒侵入的方案，發表快篩試劑和瑞德西韋藥物合成研發成果，讓臺灣在疫苗研發上，有了超前的進展。

擁有數學專才的梁賡義，是國際知名的生物統計和公共衛生專家，雖然他沒有推「算」出今年會爆發新冠肺炎疫情，但是在疫情爆發初期，他就已和同仁「算」出疫情控制模式。他說：「利用生物統計分析，我們可以建立起疫情發展模式，推測疫情發展會延續多久，又會產生多大的影響。透過這些統計數據，可思考如何利用資源，建立起國家的防疫模式，有效控制疫情。」

原來在疫情發生之初，就可以擬定出有效的防疫政策，幫助國人對抗疫情，而這一切都是用「數學」統計算出來的唷！

從小愛上數學，培養邏輯與分析

　　數學是科學之母，梁賡義從小就對數學抱持非常大的興趣。國小時，他學習心算，表現突出；當時五年級的數學老師不但要求他們算出答案，更要他們將算式一步一步寫清楚，理清思路。這樣的基本訓練，奠定了梁賡義在數學上扎實的基礎，並激發他對數學的好奇與喜愛。

　　到了國中階段，他在數學上的表現更是傑出，因為每次數學考試時，大家總是抱怨時間不夠用，但是，他總能快速寫完試卷，而且拿下高分。高中時，他更瘋狂的愛上數學證明題，高三時同學們開始讀微積分，為大學做準備，他卻沉浸在數學證明題中，一步步推演、歸納、演算，培養了他極佳的邏輯與分析能力。

　　梁賡義的爸爸是電信工程師，從小，爸爸就期望他和雙胞胎哥哥都能念工科，所以爸爸經常問他們：「你們將

來長大要做什麼呀？」他與哥哥總會異口同聲的回答：「工程師。」雖然當時他的數學成績不錯，卻不敢說出想念數學系。

大學聯考時，他認真選填了二、三十個電機系和機械系的志願，但也偷偷將臺灣大學數學系和清華大學數學系填進其中，沒想到，就這麼幸運，讓他考進了清華大學數學系。

回想年少時求學的點滴，他開心的說：「這些高中時期所學到的基礎數學，在幾十年後，幫助我在一個遺傳實驗中順利導出了一個公式，原來我們過去所學的這些工具、概念一直都在，隨時都可能產生很大的作用。」他的創新發現，對於人們在公共衛生、醫療領域上的研究影響甚鉅。

廢寢忘食研究，熱情參與活動

1969 年，梁賡義進入清華大學數學系就讀，開啟了他對數學研究的熱情。他廢寢忘食地投入，吃飯時思考、躺在床上腦袋也轉個不停，在教室和公園及任何地方對數學的鑽研都不停歇，他經常打開書本，但腦中思維卻漫遊在另一個數學空間中尋找答案。

即使過程中也曾有人問他：「讀數學系未來能做些什麼？」

Team Work 很棒，我喜歡帶著團隊奮戰，大家感情超好！

但興趣與熱情驅使他堅持不懈。他尤其著迷於代數，因為代數既抽象又很美，值得一再探索。

雖然熱愛解題、導公式，但大學時代，他也積極參與了系上與學校的各項活動，不僅結交許多知心的朋友，也加入學校足球隊，擔任隊長，連續三年帶隊參加清華大學與交通大學的「梅竹賽」，和隊友們一起團隊合作，爭取榮譽。

到了大學四年級，梁賡義修習了一門影響他一生的課程「統計學入門」，當時他得到 90 多分，讓黃提源教授留下深刻的印象，並鼓勵他出國留學，還幫他寫推薦信函。後來，梁賡義拿到了美國南卡羅萊納大學提供的獎學金，在 1979 年前往美國就讀。

一頭栽入生物統計學的世界

　　梁賡義在出國讀書前，完全沒聽過「生物統計學」這門學問，也不了解流行病學的內容，直到在南卡羅萊納大學統計所攻讀碩士學位時，他才開始接觸到生物統計學。他發現原來這是一種工具，運用了大量的數學，來幫助科學家進行生物與醫學實驗的資料分析，這一點讓他非常感興趣。因此，後來他決定到華盛頓大學攻讀博士學位，追隨生物統計學大師布雷斯洛（Norman Breslow）。

　　選擇生物統計學作為博士班研究方向，是他人生的一個重要轉捩點，因為生物統計學隸屬公共衛生學院，他從一個理學院的學生，跨領域來到了醫療領域，這時的梁賡義開始接觸到

生物統計學

統計學是一種工具，運用大量數學運算，將研究資料進行蒐集、整理、歸納和分析，最後給出正確訊息的一門科學。統計學常常被運用在各種學科上，所謂「生物統計學」就是結合了生物、醫學和農業，最常運用在醫學的領域。

梁賡義（右一）與博士
論文指導教授布雷斯洛
（中）合影。

流行病學與公共衛生學。就讀博士班期間，他曾到學校附近的
榮民醫院擔任研究助理，協助進行糖尿病研究的統計分析。這
段經歷讓他發現，原來新藥的開發、疾病治療方法的改進與更
新，都必須利用到生物統計學來進行數據分析，作為未來改進
與調整的依據。

　　「這是我這輩子第一次發現，原來『生物統計』不只是印
在書本上的知識，它對人類健康與福祉有很大的幫助。」梁賡
義有感而發。自此之後，他對數學與統計學的看法完全改觀，
也正式找到了自己未來可以努力的目標。

　　由於生物統計學在美國是熱門科系，因此當梁賡義博士
論文快完成前，也曾面臨到要進入薪水高的藥廠工作，或是到
學術單位做研究的兩難選擇，最後，他選擇留在大學繼續做研
究，因為他想用「數學」造福人類。

這是一門探討人類群體健康與疾病分佈的科學，並利用方法控制疾病，促進健康的科學。以前主要是指有感染病源的疾病，如感冒、肺炎、麻疹、腦炎等，現在已將慢性病列入，如高血壓、糖尿病、癌症等，都屬於流行病學研究的範圍。

新公式開啟生物統計領域新紀元

　　1982 年，梁賡義申請進入美國約翰霍普金斯大學公共衛生學院統計系擔任助理教授，這所位於美國麻里蘭州的頂尖私立大學，向來以醫學、公共衛生、空間科學、國際關係和文學與音樂學科聞名，全球第一個繞行地球軌道運轉的光學天文望遠鏡：哈伯太空望遠鏡以及預計於 2021 年發射的韋伯太空望遠鏡地面控制中心都位於這所學校。

　　在這裡他一邊教書，一邊與同事齊格（Scott Zeger）教授進行 GEE（廣義估計公式）的研究與設計。剛開始設計 GEE 公式時，他遇到了一些困難，因為在公共衛生學院統計分析常

公共衛生學

為人們提供生理、心理和社會面向疾病預防與健康維護的管理科學，公共衛生學包含了流行病學、預防醫學、環境衛生學和社會科學、生物統計學等多元面向的科學。

被用來分辨「有病」或「沒病」，藥物「有用」或「沒用」，這種與時間無關的資料統計，往往應用在連續性時間測量數據的統計上時，會出現問題，但他一直想不出辦法解決。

直到有一天，他發現系上的齊格教授正在進行臭氧層厚度的觀測，必須每天連續性測量臭氧層厚度，並進行統計分析。這種連續性長時間的統計分析正是他新公式設計上碰到的問題，因此，他們兩人一拍即合，分別以

從數學到醫學，我沒想跨領域有多難，因為有興趣，我就去追夢！

自己的專長，共同合作設計出一套新的統計分析公式 GEE（廣義估計公式）。

　　不久之後，他們將 GEE 這套新的統計公式寫成論文，發表在科學期刊上，讓科學家知道，運用這套公式進行數據統計分析，可以解決許多醫學和公共領域上有連續性相關的問題。這篇論文並獲頒 1987 年美國統計學會最佳生物統計論文獎，因為它開啟了生物統計學上的新方法，如今已經被廣泛的運用。

梁賡義（中）與共事 28 年的約翰霍普金斯同事齊格（右）合影。

成為享譽國際的生物統計學者

　　梁賡義與齊格教授設計出來的廣義估計公式，與傳統的生物統計法不同。因為過去進行新藥研究，需要花很長時間進行實驗，科學家要找一群人進行人體實驗，透過實驗組與對照組吃藥後有效或無效的數據，再進行統計分析，這個過程至少要花五、六年時間，才能從龐大數據中，判定新藥是否有效。

　　而梁賡義與齊格教授設計的廣義估計公式，則可以大幅縮短測試時間，他們的方法是，找到一個生物指標，例如，愛滋病新藥測試時，只要觀察病人體內一種帶有 CD4 蛋白質受體的血球，當它數量減少，就表示病人感染愛滋病，數量若維持穩定或增加，則表示愛滋病受到控制。因此，新藥測試時，可每隔幾個月，抽取實驗者身上的血液檢測，如果發現一年內 CD4 血球數量未減少或增加，就表示新藥有效。新疫苗測試也是一樣，可連續採樣同一個注射疫苗的實驗者血液，若發現抗體數量增加，就能確認疫苗有效。

　　這種生物統計方式帶來了劃時代的進步，可以縮短測試時間，為人類快速找到新的藥物和疫苗。

　　全心奉獻於公共衛生領域研究，梁賡義深深覺得，生病不只對個人產生很大的負擔，也對家人和社會造成巨大的影響，

因此，他希望能推動公共衛生知識，加強人們疾病預防的觀念，減少疾病帶來的衝擊。

回饋家鄉，返臺貢獻所學

梁賡義在生物統計與流行病學上的成就，在國際上備受肯定，他不但在約翰霍普金斯大學任教，更經常在世界各地演講；而他所設計的統計學公式，也受到世界各地科學家的廣泛運用。這份成就讓他在 2002 年，獲選為中研院第 24 屆生命科學組院士。

2003 年時，當時的國家衛生研究院吳成文院長，親自飛到約翰霍普金斯大學拜訪他，希望他能回來臺灣發展公共衛生、流行病學和生物統計學，於是，梁賡義義不容辭，接受國衛院副院長的委任。他說：

2003 年梁賡義（右）受國衛院吳成文院長（左）之邀回臺，共同為臺灣公衛盡一份心力。

▲ 蔡英文總統（左四）與梁賡義（右二）
所帶領的與國家衛生研究院團隊合影。

國家醫藥公衛智庫

國家衛生研究院是醫藥衛
生研究機構，也是國家醫
藥公衛智庫，會以研究成
果協助國家制訂醫藥公衛
政策，並建立起「任務導
向」，當國家遇到重大公
衛或疾病發生時，將全體
配合協助解決。

「這裡是我成長的地方、是我的根,我想為這片土地注入新知,並帶回好的制度。」

梁賡義放下美國的教學與研究工作,回臺積極推動成立臺灣大學公共衛生學院和國衛院生物統計研究組,短短三年期間,他還在臺大公共學院開設碩士班和博士班課程,持續為臺灣培養許多公共衛生與生物統計人才;同時,也推動國衛院仿效美國國家衛生研究院,積極為國家公衛與醫藥政策提供建言。

在約翰霍普金斯與臺灣大學的教學經驗,也促成梁賡義之後接任陽明大學校長,讓他有機會為更多臺灣的青年學子,打造一個更優質前瞻的學習與研究環境。

接任陽明大學校長培養頂尖人才

梁賡義在 2010 年接任陽明大學校長,他雖然喜歡研究,但更重視教育與傳承,也想為學生和老師們打造一個優質的環境,讓他們無後顧之憂。因此雖然陽明大學以醫學為教學重點,但他仍要求醫學生需具備數學、物理、化學、生物、資訊、生物統計的基礎能力。

▲ 梁賡義（左二）接任陽明大學校長，投入教育與傳承。

　　梁賡義認為：「大學生要學會與不同領域對話的能力，因此要把基礎課程學好。因為未來的路還很長，你可能走向醫學工程、生化研究等多元領域，多做準備，路才會更寬廣。」

　　為此，他還開設「校長有約」時間，讓學生上網登記，每個月邀請學生到校長家吃晚餐，與校長面對面對談。平時，他更主動走入各社團的成果發表會場，了解學生們課外活動的表現，所以經常是「校長一出現，學生們就瘋狂」，總是高興得

又唱又跳，因為學生們感受到了校長對社團的支持與鼓勵。

　　梁賡義也鼓勵各科系建立起「導師制度」。這起因於他大學時代的導師對他的關愛，原來他在清華大學就讀三年級時，曾因為罹患Ａ型肝炎回家休養，當時的導師徐道寧怕他中斷學業，因此催他趕快辦復學，還讓他暫時住在老師家中，幫他準備食物，照顧生活起居。回想過往，因為有導師的深切關愛，才讓他得以繼續學業，依循自己的熱情，實踐夢想！這件事也讓梁賡義深有所感，他說：「遇到一位好老師，生命會完全改觀！」

接任國衛院院長，承擔國家難題

　　值得一提的是，離開國衛院副院長一職 11 年後，2017 年底，梁賡義又後重新回到國衛院，成為第六任院長。

　　為了重新定位以及突顯國衛院與中研院生醫所角色的不同，梁院長更強調國衛院的「任務導向」。他解釋說：「國衛院的科學家平常會專注於自己有興趣的項目研究，但是，一旦國家有難，各領域科學家就會放下自己的研究，全力協助國家解決難題。」

接任國衛院院長的梁賡義（右一）
重新調整國衛院的定位。

新冠肺炎（COVID-19）

　　是一種由冠狀病毒第二型引起的急性呼吸系統症候群，在 2020
年初引起全世界大流行，這是一種新型病毒，人類體內幾乎沒有抗
體，而且它透過飛沫藉由空氣與接觸傳染，因此，快速傳遍世界各地。
　　冠狀病毒是一種具有外套膜的病毒，在電子顯微鏡下可以看到冠
狀突起。冠狀病毒可以引起多種急性呼吸道系統症候群，流行性感冒
即是其中之一。冠狀病毒很容易變異，變異後會對人類或動物產生不
同程度的傷害。

就像 2020 年面對新冠肺炎（COVID-19）來襲，國衛院再次啟動任務，開放實驗室，協助國家進行病毒篩檢，找出可能的病患。同時，集結電子科技專家發明簡單又有效的紅外線額溫計，透過平板電腦，讓各單位可以用價格低廉、功能準確的體溫檢測儀，充分達到檢疫的效果。

　　當然，國衛院人員也進入醫院，協助臨床醫生了解臨床治療的機制，並研究目前所知的肺炎治療藥物奎寧和瑞德西韋，「它們的治療機制為何？是否可真正可治療新冠肺炎？」透過各項數據蒐集和分析，這些研究成果已經可以確認這些藥物可分別用在輕症或重症的治療上。

　　同時，化學家們也進行了瑞德西韋藥物的製作過程破解，梁賡義說：「避免當國外藥廠產量不足，沒辦法銷售藥物時，

國衛院正副院長梁賡義（左一）及司徒惠康（右四）與瑞德西韋研究團隊合照。

面對新冠肺炎
疫情，梁賡義
（左二）率領
國衛院團隊挺
身而出，為防
疫盡一份心力。

我們或許可以爭取授權，由國內藥廠來製作藥品。」種種作法，
都讓臺灣民眾安心，面對全球性疫情不再恐懼。

「國衛院的科學家平時已經練就了好功夫，緊急需求時，
就能大顯身手，為國貢獻。」梁賡義笑說。

任重道遠，持續推動預防醫學

國人最關心的疫苗研發，也在國衛院同仁努力下如火如荼
地進行中。梁賡義指出，科學家們幾乎是冒著生命危險在做研
究，每天穿著隔離衣做實驗；實驗後，還得完全徹底消毒、清

理乾淨，避免病毒外流，威脅到自己和親朋好友的生命。

這次有關疫苗的研究與測試，梁賡義預測可縮短在一年左右，主要是因為全世界科學家都積極投入研究，還有，大家透過他早年設計的 GEE 廣義估計公式，能很快指出測試成效，也能快速

國衛院團隊積極投入疫苗測試。

鎖定研究主軸，讓新冠肺炎疫苗的研發指日可待。對於自己的發明可以在危難時刻幫上忙，他說：「國家有危難，我能幫上

P3 級實驗室與疫苗研究

為動物生物安全第三等級實驗室，專門研究具高危險性傳染病微生物，製作新藥、疫苗和高危險性的偵測試劑、微生物消毒劑都會在這個實驗室裡進行，才能確保其他生物安全，不會受到這些實驗微生物危害。

至於疫苗，是指利用細菌、病毒或腫瘤細胞等，製作出來的生物試劑，可以讓接種疫苗的人或動物產生抗體，具有免疫力。

忙，感到非常榮幸。」

　　疫情帶來的衝擊終將隨著疫苗研發而降低，國衛院團隊就像「疫情的終結者」，只要將藥物和疫苗研發成功，就能宣布「比賽結束」！但梁賡義的工作卻還沒有結束，他認為公共衛生領域中最重要的工作就是預防，因此接下來，他也將持續運用新興科技大數據的統計結果，全力推動預防醫學，用數字守護國人的健康，陪伴臺灣成為全球最幸福安全的地方。 **END**

梁賡義小檔案

現職：中華民國國家衛生研究院院長

學歷：國立清華大學數學系學士
　　　南卡羅萊納大學統計學系碩士
　　　美國華盛頓大學公衛學系博士

經歷：約翰霍普金斯大學流行病學系教授
　　　約翰霍普金斯大學生物統計系教授
　　　美國統計學會會員
　　　中央研究院第 24 屆院士
　　　國家衛生研究院副院長、代理院長
　　　國立陽明大學校長
　　　世界科學院院士
　　　美國國家醫學院院士
　　　國家衛生研究院院長

學生時代最重要的就是把基礎課程學好，
並且培養不同領域對話的能力，因為未來的路還很長，
你可能走向不同的領域，多做準備，路才會更寬廣。

圖片提供／國衛院提供

結晶學開拓者

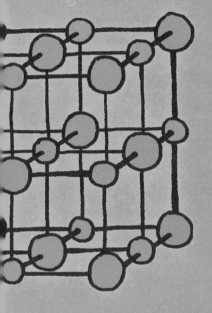

推動臺灣的結晶學發展不遺餘力，
王瑜以精準 X 光繞射和高層次的電子結構計算，
找出分子當中電子的分布與形狀，
協助創建貴重儀器中心、同步輻射中心，
也是臺灣大學理學院第一位女性院長、
中央研究院第一位數理組女性副院長。

王瑜

平易近人的頂尖學者

個性隨和，臉上總是掛著靦腆的笑容，但一站上講臺，卻以從容不迫的儀態，展現十足的專業與高度專注力，有「臺灣結晶學之母」美譽的王瑜，給人一種真誠質樸的印象。和許多頂尖的科學家一樣，她將所有的心力投注在科學研究上，憑著熱誠與服務精神，不僅在結晶學領域引領臺灣的研究發展，也歷任多項公職，貢獻卓著。

結晶學的發展約莫一百年，在電腦未出現前發展很慢，六零年代後才快速發展，而解析物質的結晶構造對許多領域都很重

笑容靦腆、態度親和的王瑜。

要。例如：開發新藥時，分子結晶結構會影響它被生物利用的程度和穩定性等，近年來結晶學也從分析小分子和無機物，發展到解析各種大分子和有機物如蛋白質和病毒等。

整齊排列的晶體

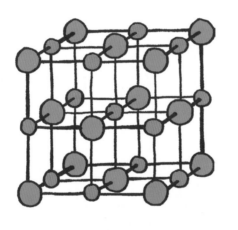

一般物質可以分為三態：固態、液態和氣態，例如我們很熟悉的水，分為冰塊、水和水蒸氣等。屬於固態的固體，又可以分為晶體和非晶體。所謂的晶體，是指原子或分子具有一定的規則性和週期性的排列方式，例如大家日常生活常吃的食鹽，或是寶石、金屬等。至於非晶體剛好相反，它們的原子和分子的排列方式沒有一定的規則性和週期性，例如玻璃、塑膠等。

而專門研究分子的結晶構造相關的學問，就稱為晶體學或結晶學，對於化學、生物化學和分子生物學等領域來說，都是一門很重要的科學。

王瑜自 1979 年學成回國後，就在臺灣大學化學系任教，同步帶領臺灣的結晶學發展，榮獲許多獎項，發表多篇重要論文，經常參與國際結晶學研討會，也曾擔任臺灣結晶學會會長和亞洲結晶學會會長等重要職務。2010 年，她也獲選為中央研究院院士。

因為個性平易近人，加上思考清晰、邏輯分明的理性思維，王瑜常是友人與學生請益的對象，雖然早已屆齡退休，但她仍常常待在實驗室裡，指導後輩做研究。由於王瑜平常有跟學生一起出遊爬山、健行踏青並保持聯繫，每逢佳節，來自各地的學生仍會相約到她家聚會，大家一起開心聊天、討論。足見她和學生之間的感情深厚。

王瑜（右五）與
學生情誼深厚。

不過，大家可能想像不到，王瑜小時候身體虛弱、初中聯考成績不如預期、演講比賽放空忘詞、博士班實驗過程也曾屢遭挫折，她不是天才型的學者，但是憑著堅持與投入，無懼起伏波折，在學術道路上堅持至今。

多元學習的小學生活

老家在新竹的王瑜，在家中排行老二。爸爸是曾擔任第一屆立法委員的王漢生，父親平常在家話不多，感覺較嚴肅，喜歡看書、寫東西，總是要求王瑜端正儀態，還要好好練習書法，家風頗為嚴謹。家中有五姊妹，王瑜的媽媽個性外向開朗，家

庭生活和樂融融，在那個女孩受教育風氣不興盛的時代，王家卻很支持每個女孩接受各階段的教育。

小學時期的王瑜，個性活潑天真，屬於不喜歡背誦、喜歡思考與推理的孩子，她印象很深的是，在當時的竹師附小念書時，有一位教史地的老師講課時總會掛上一張地圖，仔細說明方位、景觀和特色，透過視覺引導學習。她很喜歡這樣有邏輯、系統性的教學，王瑜笑著說：「一旦了解規則或前因後果，自然而然就能記得，我不喜歡死背。」

另外，王瑜天生有一股熱愛自由的氣質，也許是受到竹師附小當時的校長高梓的影響，這位知名的體育家和教育家，相當注重孩子的身體健康和五育均衡發展，並以「健康快樂」為目標帶領學校。

那個年代，想上初中必須通過考試，升學壓力很大，竹師附小的學生晚上也常留在學校念書。校長不希望他們被考試壓得透不過氣，所以每到晚上八點，就會把學校電源關閉，要求老師和學生離開學校。此外，每天早上十點有半個小時的下課時間，高校長也會到每間教室巡視，如果看到學生待在教室，就會通通把他們趕去操場活動。

高校長曾特地邀請自己的妹妹，知名舞蹈家高棪，來學校教大家跳團體舞，有時舉辦話劇表演，讓學生上臺演出與生活相關的戲碼，比方說結合食育觀念的劇情，如青菜小姐和豆

▲ 大學時期的王瑜（左一）。

腐先生舉辦結婚典禮的故事，教學生什麼都要吃，不能只吃肉等。校長活潑的帶領方式，成為王瑜最難忘的小學記憶。

　　兒時的她，身體較為瘦弱，有一次朝會大家一起做早操，當時有人正拿著攝影機拍攝他們，當鏡頭移到她面前，她居然「碰」一聲昏倒在地上！高校長馬上請人扶她去休息，從此也記住她了。某次進行防空演習，王瑜跟同學一起跑向防空洞，卻突然被高校長叫住，她說：「妳，過來！不要跑！」校長的關懷，讓她備感溫暖。

接受考試失利，轉學考找回信心

　　王瑜在五姊妹中最會念書，總是考班上前幾名，家人都認為她能考上離家近的第一志願新竹女中。沒想到她考試失常，後來考取竹南中學。雖然挫折感讓王瑜有一點灰心，但她調整心態，開始每天花一小時步行加上搭火車上學的通勤生活，隔年她就通過轉學考，進入新竹女中就讀，重拾信心。

　　王瑜的中學生活相當精彩，她開始和同學一起運動、打網球，鍛鍊出健康的體魄，同時，對數學、化學、物理等理科的天分和興趣也逐漸展現。

　　有一回上課時，老師要教授收音機原理。那時臺灣家庭的物資不算豐裕，電視和電冰箱不普及，連存放食物都要自己去買冰塊回來放進冰櫃，但是家家戶戶都有收音機。因為好奇，王瑜把家裡唯一一臺收音機拆開，觀察構造以及哪裡是真空管。雖然後來免不了招來一頓責備，但也可以看出她對動手做研究的熱情與興趣。

　　雖然王瑜課業上的表現不錯，但個性害羞，面對人群容易緊張。沒想到被英文老師相中，跟她說：「妳的發音不錯，去參加演講比賽吧！」王瑜直覺的反應就是拒絕，沒想到老師鼓勵兼遊說：「只要把稿子背熟就可以！」王瑜只好硬著頭皮參

加，努力背誦稿子並準備上台。

比賽在新竹女中的小禮堂舉行，王瑜戰戰兢兢的走上臺演講。沒想到才講幾句話，就因為太緊張，腦袋一片空白，不記得講到哪裡，於是她在臺上呆呆站了幾分鐘，這也成為她中學時最難忘的糗事。

這麼一位個性靦腆單純的女孩，學業之外，就是跟同學在操場上騎車、玩耍，每逢週六放假便和同學一起去看電影，單純的日子，享有單純的喜樂。到了準備考大學時，王瑜因為喜歡理科而念甲組，一開始甲組女同學原本有三十幾人，漸漸只剩下十幾位，那時的觀念認為女生不用念太多書，更別說就讀理工科目。但當時的王瑜在父母大力支持下，跨越了性別的障礙，朝向興趣鑽研。

喜歡化學，毅然走研究之路

　　王瑜考上了臺灣大學藥學系，大一課程和化學系差不多，但聽到大二開始要背神經和骨頭名時，從小不愛死背的她很苦惱。當時爸爸客觀的分析，如果念藥學，畢業就可以就業，念化學可能要繼續深造。王瑜評估後，毅然決定轉到自己有興趣也比較有把握的化學系。

　　化學系的實驗課占比很重，每週有兩整天都在做實驗。大四開始有書報討論和專題研究，前者要蒐集並閱讀各種論文期刊資料，整理後上臺報告，後者是老師給題目、做實驗和寫報告，這些課業要求王瑜不以為苦，從中培養出做實驗的興趣與獨立研究的能力。

　　1966 年臺大畢業後，王瑜獲得獎學金到美國深造，王瑜媽媽很欣喜，當然也有些捨不得，出國前特地買了許多布料做衣服，讓女兒帶出國，這件事讓王瑜很難忘。

　　到了美國伊利諾大學念博士，她開始感受到國外教育方式和臺灣的差異。臺灣的教育大多有固定框架，課業需按老師要求，循規蹈矩、按部就班完成，不太鼓勵學生發問。而生活方面，父母通常只要求孩子專心念書，生活所需都被照顧周到。但到了美國，教授常常只給一個主題，學生得自己查資料、找

答案。而且美國學生獨立性格強，早早學會開車、打工賺學費、自己買菜下廚烹調等；還有許多同學們愛聊球賽、政治和社會等議題，這一切讓王瑜感到很衝擊，她體認到自己雖然已二十多歲，但生活與心態卻像停留在幼稚園階段，她必須在課業與生活能力上全面學習，快快長大。

▲ 大學畢業後，王瑜（中）順利取得獎學金出國深造。

耐心蒐集數據做分析

當時在伊利諾大學讀書的臺灣留學生不少，王瑜在這個階段也開始嶄露頭角，當時要進博士班，必須通過資格考，一年舉辦六次，只給兩年機會，沒想到她第一年就通過六次考試，

引起老師們的關注。

對於未來的研究主題，王瑜很慎重。當時，蓋倫•斯塔基（Galen Stucky）教授曾主動找過王瑜三次，提出「利用結晶學探討化學鍵之存在」的方向值得研究，這個關鍵因素打動了王瑜，於是，她在1969年加入實驗室。

王瑜回憶，當時實驗儀器較原始，要先搖動儀器三個馬達，將角度轉好、定位，再打開X光照射晶體再記錄數據，過程繁複，雖然白天有雇工讀生幫忙，但晚上就換學生來操作，每人輪流搖一、兩個小時。王瑜進實驗室時剛好引進半自動化儀器，其他同學都說：「妳運氣真好！現在不用這樣搖了！」足見研究工作背後的辛苦。

這些儀器的數據是記錄在一排有一到七個小洞的打孔帶上，24小時不斷跑出來的帶子，得先用箱子裝起來，再送進電腦判讀數據，過程得非常小心，以免中途斷掉，然後再整理分析這些數據，相當繁瑣。因此，每當能順利解開一個結構時，大家都會歡欣鼓舞的開香檳慶祝呢！

X 射線也稱為 X 光，是一種波長很短、大約 0.01 ～ 10 奈米的電磁波。1895 年，德國物理學家 W.K. 倫琴在做電極管、也就是在真空玻璃管兩端電極通電並加高電壓後會產生電子流實驗時，注意到電極管竟然會發出一種穿透性很強的射線，能穿透除了鉛以外的各種物質，甚至能照出手掌骨骼的模樣，因此又稱為倫琴射綫或倫琴光。後來有許多醫生使用 X 光來照骨骼、人體或動物，甚至在許多領域都會運用 X 光，但後來大家發現 X 光的能量很高，可能危害人體細胞，必須小心使用。現在，在一般的臨床醫學使用時，也格外小心，均有必要的保護措施或裝置。

努力埋首做實驗

　　就讀博士班的過程中，王瑜對於執行天馬行空的構想，有一些挫敗的實驗經驗。那時蓋倫教授常把從演講聽回來的點子分享給大家，鼓勵學生嘗試。某次他告訴王瑜，他發現一個不用做實驗，只用軟體就能算出晶體結構的方法，王瑜按他的提議做了七、八個月，完全沒進展，她開始懷疑這件事行不通，於是她用一個已知又結構簡單的樣本丟進軟體試算，果然無法推算出正確答案！

王瑜慎重其事的準備好周全資料，去找指導教授討論，沒想到老師輕鬆地回說：「喔！這樣啊！那我們換一個題目吧！」王瑜這下才恍然大悟，老師好出點子，未必經過深思熟慮，她得慢慢適應這樣的帶領方式。這樣的經驗讓王瑜學會許多道理，研究是從假設到實驗，不斷嘗試的過程，必須有恆心、有毅力，還要慎選研究主題；曾經她做實驗時，嘗試將近一年，仍無法完成合成物質的目標，必須轉換方式，但她始終堅信，每一次的失敗，都能找到改進的空間，而爭取研究成果的突破，成為她前進的動力。

走入結晶學的領域

　　因為對學術研究的熱忱，拿到博士學位後，王瑜選擇去美國紐約州立大學化學系的結晶學權威科彭斯教授（Philip Coppens）的實驗室做博士後研究。有一次，他們的實驗室有三篇稿子獲選在一個研討會的開幕式上發表，每位作者都要上臺演講 20 分鐘，王瑜就是其中一位。當時科彭斯教授有一點擔心，並問她：「妳可以嗎？要不要我帶著妳一起講呢？」

博士後研究，王瑜（右一）選擇到美國紐約州立大學化學系，和結晶學權威科彭斯教授（左一）學習。

　　雖然王瑜念博士班時常在小型實驗室的會議上報告，但是這次是專家雲集的大場合，她想了一下，勇敢地回答：「我想自己試試看！」她努力的準備並反覆練習多次，終於克服內心的緊張，在開幕式上流暢的演說，事後也獲得老師稱讚：「講得不錯！」回首少年時，上台英文演講卻忽然一片空白的往事，經過歲月的洗禮，她已不再害羞緊張，上了台也能夠侃侃而談，自信大方。

　　王瑜跟隨科彭斯教授學習結晶學一年多，獲益良多。不過，非美國籍的博士有居留期限，王瑜得另謀出路，所幸後來她進入加拿大的國科會化學所，擔任助理研究員。

　　加拿大這間實驗室人少，經費不多，許多儀器用了十年、二十年，維修保養都得自行解決，王瑜的老闆手很巧，幾乎什麼東西都能自己修，王瑜和其他人也在旁邊觀摩學習。這段時間內，她累積了許多修理儀器的經驗，沒想到對後來返臺的工作幫助很大。

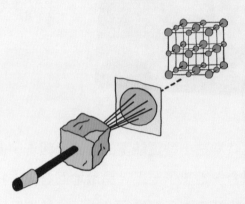

用 X 光觀察晶體

早期 X 光多半使用在醫學、物理學或地質學上，不過科學家發現 X 光穿過晶體時會發生繞射，也就是電磁波碰到障礙物會偏離原來直線路徑，不同的晶體有不同的結構和排列方式，因此會出現明暗交錯線條或規則排列亮點等圖形，從此 X 光漸漸被應用在分析晶體的結構上面。

威廉·亨利·布拉格（William Henry Bragg）和威廉·羅倫茲·布拉格（William Lawrence Bragg）這一對父子檔，曾經發表「布拉格定律」，可以根據 X 光的波長和角度，計算出晶體的晶格間距並且分析出構造，於 1915 年獲得了諾貝爾物理獎。

桃樂絲·霍奇金（Dorothy Hodgkin）是早期研究 X 射線晶體學的先驅，因為確立了青黴素和維生素 B12 結構，在 1964 年獲得諾貝爾化學獎。爾後隨著電腦的出現、X 光繞射儀的演化，結構解析的速度增加得非常快，結晶學的發展更是一日千里，近三十年來，更有 6 座諾貝爾化學獎落在 X 射線晶體學這個領域。

而王瑜最為人稱道的學術成就之一是，她以高解析度的單晶 X 光繞射數據，結合精確的分子軌域計算，來詮釋分子中的電子密度分佈與形狀，以此探討化學鍵的形成，找出分子結構的特性與樣貌，解決了許多學術上爭議性的問題，在國際上備受肯定。

在加拿大工作五年後，遊子終於決定返鄉，王瑜在 1979 年回到臺灣，進入臺灣大學化學系擔任教職。那時臺灣的結晶學剛起步，各單位幾乎沒有 X 光觀察晶體的相關儀器，王瑜說：「那時一個教授月薪約兩萬五千元，一臺儀器要價將近七百萬，非常昂貴。」當時國科會（現科技部）企劃處處長劉兆玄來找王瑜，請她幫忙，他說：「結晶學對化學很重要，但不可能每個學校都買得起儀器，我們想在臺大設一個中心，找會的人來操作，希望妳能幫忙。」

於是，臺大貴重儀器中心於 1982 年成立，聘請兩位技術員操作，24 小時運作，多年來協助全國多個單位解開超過十萬個晶體結構，運作成效高。由於儀器多從國外進口，機器難免故障，王瑜在加拿大的工作經驗終於派上用場，修理機器全都自己來；她還記得後來中山科學研究院也有一臺，王瑜也曾幫忙順利解決機器運作問題。

帶領臺灣結晶學往前走

位於新竹的「臺灣光源」於 1994 年啟用，是臺灣第一座同步輻射設施，王瑜一路參與並協助培訓成員，但早期的設備還不是太好。1995 年時，科彭斯教授來臺訪問，了解狀況後，

建議王瑜去美國 Brookhaven 的同步輻射設施中心做實驗，於是王瑜帶著四個學生飛到美國學習。

在同步輻射中心時，他們要自己設計好實驗並操作，為了爭取時間，晚上大家仍然捨不得回旅館休息繼續實驗，王瑜也陪學生一起熬夜。可惜幾次實驗結果，一直不算成功。後來，王瑜又陸續帶學生去新竹、日本等地的同步輻射設施做實驗。有一次去日本，她跟日本教授一起合作。當樣本放下去一照光，王瑜看到繞射圖像出現變化，立刻非常興奮地說：「變了！」之前無數的努力和辛苦，在親眼見證實驗成功時，全部都煙消雲散，化為無比喜悅。

先進的同步輻射光源

廣義來說，光是一種電磁波，而依據電磁學的理論，帶電粒子在運動速度或方向改變時會發出電磁波，科學家設計出一種儀器叫「同步加速器」，讓電子以接近光速飛行，讓它受到磁場作用而發生偏轉，這樣在沿著電子偏轉的切線方向，將會發射出薄片狀的電磁波，波段涵蓋了紅外線、可見光、紫外線和 X 光等，被稱為「同步加速器光源」，以 X 光來說，亮度比傳統 X 光機高百萬倍以上，過去要花幾個月做的實驗，如今只要花分鐘就能完成。

王瑜（中）帶領學生持續海外參訪行動，推動臺灣結晶學起飛。

　　多年來，王瑜的學術研究成果斐然，主要貢獻為電子密度分佈與化學鍵、自旋轉換現象、光致激發滯留效應、X光結晶學及分子開關等研究。其中，以精準 X 光繞射和高層次的電子結構計算，來找出分子當中電子的分布與形狀，是很重要的成就。

　　在她努力耕耘下，臺灣結晶學的進展突飛猛進，除了學術工作之外，她也曾擔任過國科會自然處處長、臺大理學院院長等職務。對她來說，行政事務是提供更大範圍的服務，由於她的領導力與行政長才，更受邀擔任中研院副院長。

打破性別刻板印象，投入科學領域，更帶領臺灣在 X 光結晶學相關研究領先全球，王瑜的傑出表現也在 2009 年獲得臺灣傑出女科學家獎的肯定，成為許多年輕世代學習的典範。

　　王瑜觀察到，做研究其實不分男女，只要細心、有耐力、韌性強，遇困難時抗壓性高，她在乎的是學生有沒有熱情與興趣，她說：「如果因為科系熱門而選擇進來，很容易

▲ 王瑜（右二）促成臺日研究交流，成果斐然。

　　無法持續專注。」其實科學只要願意追根究柢，每天都會有新的發現與驚喜，同樣的道理來看待生活中的大小事，一旦遇見問題，應該思考如何自己找尋解決方式，而不是等著別人來告訴你答案。

　　她認為，擔任科學家的條件是要具備對研究的熱情、興趣和永無止盡的好奇心，帶著熱忱不斷去發現與解決問題，且不要怕失敗，要培養耐性，多跟其他人討論以獲得寶貴意見。所以，

她很鼓勵不同領域的科學家，大家彼此合作貢獻自己的長才，持續為科學發展努力，為這世界解開更多未知的難題。END

▲ 王瑜（後排左四）獲得臺灣傑出女科學家獎肯定，與獲得諾貝爾獎的李遠哲院士（後排中），以及中山女高學生合影。

王瑜小檔案

現職　臺灣大學化學系名譽教授及特聘研究講座
　　　中央研究院原分所特聘研究講座

學歷　國立臺灣大學化學系學士
　　　美國伊利諾大學博士

經歷　加拿大國科會化學所助理研究員
　　　國立臺灣大學化學系教授
　　　亞洲結晶學會執行秘書長、副會長、會長
　　　中華民國結晶學會（中央研究院）會長
　　　國際結晶學會電荷自旋動量密度（CSMD）
　　　學術委員會常任委員、會長
　　　行政院國科會（現科技部）自然科學發展處處長
　　　國立臺灣大學理學院院長
　　　新竹國家同步輻射中心 用戶組副組長及組長
　　　中央研究院第 28 屆院士
　　　中央研究院副院長

> **"** 要記住，失敗是很正常的，
> 但碰到失敗時要思考，
> 有那裡需要改進？哪些細節可以調整？
> 一定要從失敗中學到經驗！**"**

身為材料科學專家，
陳力俊不僅了解各種材料的特性，
更是臺灣電子顯微鏡資料分析的先驅，
他的研究從金屬矽化物、薄膜材料到奈米材料，深獲國際肯定，
也帶動臺灣產業持續創新，在世界發光。

陳力俊

材料科學領航者

你 可能聽過半導體、晶片，但這些東西是什麼呢？其實它就藏在手機、電腦和各種人工智慧產品裡，想更仔細知道答案，問問清華大學材料科學系的陳力俊教授就對了。

運用電子顯微鏡找到新世界

陳力俊是材料科學的專家，也是臺灣電子顯微鏡資料分析的先驅，他非常了解各種材料的特性，尤其對矽晶體更為了解，矽晶體是半導體晶片的主要元素，他的研究對臺灣半導體發展貢獻極大。

原本鑽研物理學的陳力俊，會轉入材料科學做研究，他認為是一種奇妙的機緣，原來他在美國加州大學柏克萊分校攻讀博士學位時，剛好有一位材料系的教授來招收學生，而他與教授相談甚歡，因此決定進入材料領域研究。

由於這位指導教授正是電子顯微鏡研究材料科學的頂尖學者，所以在老師的指導下，他運用電子顯微鏡，看到了放大數十萬倍的「矽晶體」圖像，當他親眼看到小得不得了的「原子」清楚的呈現在電子顯微鏡下時，內心激動無比，在那一瞬間，

初抵美國加州大學柏克萊分校讀博士班的陳力俊並不知道自己未來將在材料科學領域發光發熱。

他被一顆顆整齊排列的矽原子構成的晶體深深吸引，從此益發堅定投入材料科學的研究。

追隨偶像投入物理世界

陳力俊與清大材料科學系的關係很奇妙，他從小住在清華大學成功湖對面的光明新村，小時候常到清大校園遊玩，中學時每天上學都穿過清大校園，經過現在材料系旁的路，到新竹縣立

第一初級中學、新竹高中就讀，之後，以新竹高中全校第一名的優異成績，保送臺灣大學物理系。當時他受到獲得諾貝爾物理學獎的楊振寧、李政道教授的影響，所以選擇就讀物理系。雖然他也很喜歡化學，對於歷史也充滿熱情，不過大師們鑽研高能物理進而改變世界的偉大成果，讓他衷心佩服與崇拜，因此，他仍選擇物理，做為自己未來研究的方向，也想藉此追隨物理大師們的腳步。

　　不過，陳力俊並沒有因為研究科學而放棄閱讀文學大師的作品與鑽研各國歷史，這些興趣也成了他在研究與教學之餘，一種放鬆與撫慰心靈的樂趣，這項樂趣讓他在寫作、演講時，

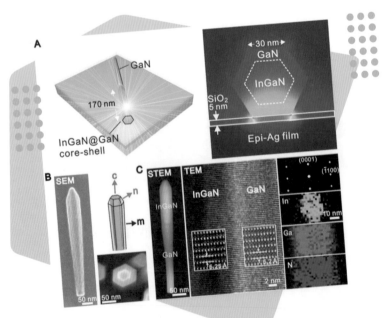

奈米尺寸雷射：上示意圖，下左與下中，SEM 與 STEM 像，下右為高分辨原子影像及掃瞄元素分佈圖。

電子顯微鏡

　　一般光學顯微鏡是以光波聚焦來顯示圖像，電子顯微鏡則利用電子物質波聚焦顯示圖像。光學顯微鏡的最高解析度大約是 200 奈米，電子物質波比可見光波短，因此，電子顯微鏡解析度更高，小至 0.2 奈米的物體都可被清楚看到。一奈米大約有 3-4 顆原子大，一奈米等於十億分之一公尺。

　　電子顯微鏡又可分為掃描式電子顯微鏡（SEM）和穿透式電子顯微鏡（TEM），掃描式電子顯微鏡可掃描呈現出物體外觀；穿透式電子顯微鏡則可穿透到內部，讓我們看到原子或病毒等等。新型的掃描穿透電子顯微鏡（STEM），兼具二者功能。

隨時都能引經據典、出口成章，用優美的文字感動人心，這位科學家文學底蘊豐厚，媲美文史學者。

廣泛閱讀養成深厚寫作與文史功力

陳力俊從小就養成了閱讀的習慣，他小時候沒有電視，更沒有網路，閱讀成了他獲取外面世界資訊的一扇窗，每個月初，他和姊姊會飛奔到附近書店，取回訂閱的學友、東方少年月刊，那是他們四個孩子的知識養分來源之一；閒暇時則是去逛租書店，兩位姊姊常去借閱書籍，陳力俊雖然當時才國小二年級，卻也會搶著閱讀，西遊記、三國演義都是他們必讀且一讀再讀的書單。

在他童年記憶裡最深刻的一件事也和書有關。有一次姊姊到租書店借回《基督山恩仇記》上集，

兒時與兄弟姊妹搶著閱讀好書的點滴回憶，豐富陳力俊（右一）的知識、溫暖他的童年，讓他終生難忘。

才國小二年級的他也讀得津津有味，讀完後他和姊姊去借下集時，卻被租書店老闆質疑看不懂，這讓他內心頗為不平。因為年紀小的他雖然不全然了解書中法國社會複雜的歷史背景，卻被緊湊的劇情所吸引，一口氣就讀完了。

　　閱讀經驗影響了陳力俊的寫作，小學三年級的一次默讀測驗中，他得到全年級第一名，這給了他很大的鼓勵，讓他更醉心於閱讀與寫作，從此以後，陳力俊作文比賽經常名列前茅，曾得到全省

國小作文比賽第五名。他高中時，參加一個題目為「學問的樂趣」的作文比賽，拿下了冠軍，獎品為《飲冰室文集》一書，透過此書他認識了梁啟超先生，讓他進入民初作家與中國古典文學的世界。

中小學校長是學習典範

陳力俊說他求學時很幸運，遇到了竹師附小的高梓校長和新竹中學的辛志平校長，這兩位校長的教學理念都強調五育並重，均衡發展，除了學業外，音樂、美術、體育也一樣重要，更鼓勵學生參加課外活動，拓展視野。

他記得國小美術老師教他們認識達文西作品「蒙娜麗莎的微笑」，音樂老師教他們看五線譜，也記得數學老師常用電影票當獎品鼓勵他們把數學學好。高校長更強調體育，希望每位小朋友都健康。因此，小學到高中的成長過程中，陳力俊除了學科成績優異外，也培養了文學、歷史、音樂、藝術的興趣，更參與許多體育運動，如游泳與越野賽跑。而游泳也讓他在一次到寮國旅遊乘坐的遊艇翻船時安然無恙。

新竹中學的辛志平校長不受聯考影響，堅持學生們不用補習，校內教學不分組，學生各科都要均衡發展，他很重視非學

科，體育、美術、音樂，三科都不及格會被留級。辛志平校長認為理科生不念文科的內容，素養會變差，文科生不念理科的內容，理解現代知識能力會缺乏。最讓陳力俊印象深刻的是，辛校長經常在校園裡巡邏撿紙屑，陳力俊也仿效辛校長在清華校園身體力行，以前他把材料系實驗室大樓當責任區，後來更擴大到整個清華校園都是他守護的範圍。

　　陳力俊從這些校長和老師身上，學到了對人要真誠、處事治學要有智慧、保持身體健康、碰到困難要有不屈不撓的毅力。

▼　陳力俊小學時在重視五育均衡的校園中成長，圖為小學三年級班級照。

大學時代養成獨立學習的態度

　　陳力俊在新竹高中以全校第一名的優異成績，保送臺大物理系，不過，當時的學習資源相對缺乏，學習得靠自己，因此養成陳力俊獨立學習的態度。

　　當時，學校實驗室的器材精準度很差，實驗結果常與正確值誤差很大，所以學生都不喜歡做實驗，幾乎所有人都投入「理論物理」的研究，但是，只動腦不動手的學習方式，卻讓陳力俊到美國求學後，吃盡了苦頭。

　　當陳力俊到美國加州大學柏克萊分校就讀博士學位時，才發現臺灣學校的教學方式，缺少動手做實驗的訓練，因此，他在實驗操作與設計上，完全比不上美國學生，這讓他大感挫折。幸好，在臺大就讀時，已養成了能獨立學習，不怕嘗試錯誤

的態度，於是，他開始查資料重複不斷練習，並請教同學、老師找出問題，修正實驗，即使要花比較多的時間，也要完成實驗。他常為了等儀器做實驗，一直等到晚上，等實驗做完，將儀器收拾乾淨，已經天空發白，到了第二天清晨。

求學時有很多辛苦，卻也讓陳力俊初嘗知識探索的喜悅，他認為學校是「培養以後如何學習」的最佳場所，很多知識會不斷更新，養成終身學習的態度才能跟上時代。

從物理學走向材料科學研究

陳力俊到美國讀書時，才發現研究原子彈、加速器的高能物理熱潮已過，理論物理的人才需求不多，學長姐發現找工作不容易，紛紛轉往其他領域，這讓他非常擔心，還好他接受了材料系指導教授的邀請在材料科學系進行研究，同時接受兩位老師指導，一位是固態物理學專家，另一位則是電子顯微鏡研究材料學的專家，遇上這兩位老師，讓他的專業與人生有了改變。

因為材料學是冶金學與固態物理發展出來的科學，因此，擁有超強固態物理學背景的陳力俊，補足冶金學知識後，再利

▲ 陳力俊在美國加州大學洛杉磯分校實驗室從事博士後研究。

用他所擅長的電子顯微鏡分析，觀察每種材料都得心應手，轉換研究題目也比較出入自如。

電子顯微鏡是陳力俊研究時不可缺少的利器，因此陳力俊每接觸一種材料，都想用電子顯微鏡觀察，這項工具總能帶領他以奈米尺寸的眼光，窺看各種材料結構微小的變化，這種獨特的觀測方式，讓他的研究從鋼鐵轉到半導體，再從半導體轉到奈米材料，因為做學問扎實的態度、勤奮的精神以及強大

的求知欲望，讓陳力俊不論如何轉換研究內容幾乎都能如魚得水，也讓他在半導體金屬薄膜的研究成果豐碩。

因為這段美國求學的經驗，陳力俊經常建議學生，選擇志向時不要以是否熱門為考量，掌握眼前的機會，慢慢走就能找出方向，在還沒找到方向前，要努力打好學理基礎，這樣機會來了才能掌握。

回國開啟半導體材料研究風氣

美國學成後，陳力俊已經是電子顯微鏡分析與材料科學專家，他心無旁騖選擇回臺灣教書，因為他在求學的過程中感受到，有好的老師指導和學習環境為學生帶來巨大的影響，而他一心想培育出更多優質人才。也適逢當時清華大學的材料科學系向他招手，於是，陳力俊又機緣巧合地回到清大教書。

剛開始陳力俊和其他學者一樣，從鋼鐵與金屬材料開始著手研究，但是另一方面他發現電子顯微鏡分析半導體與金屬接觸面反應的研究很少，而這正是他最擅長的領域，剛好當時國科會正在推動大型積體電路研究計畫，因此，陳力俊率先大膽投入發展中的半導體材料研究。這項決定也帶動清華大學開始

陳力俊在清華
大學材料科學
系任教,將美
國學到的一身
本領帶回臺灣
培育人才。

轉型至半導體材料研究,讓材料科學系成為臺灣半導體研究的
重鎮。

　　陳力俊做學問不但「專注」也很「勤奮」,50 歲以前,
他是 7-11,每天從早上 7 點工作到晚上 11 點,50 歲以後,覺
得晚上 7 點以後工作效率差,所以改成 7-7,從早上 7 點工作
到晚上 7 點,這樣全心投入工作,認真研究,跟隨他的學生也
絲毫不敢懈怠。

大膽挑戰奈米材料新領域

　　回到清大後，陳力俊引進了電子顯微鏡技術，為學生開啟不同的材料結構觀察方式，他一面教學一面學習，不但為臺灣半導體發展開拓新技術，也培養很多人才，許多學生在他的指

積體電路

　　電晶體是一種取代真空管的訊號放大器，經常被用在收音機、電視裡，單獨的電晶體體積很小，不過，它需要與電容、電阻等各種元件焊接在一起，才能組成完整電路，無法自動生產。美國物理學家傑克‧基爾比（Jack Kilby）設計出將電晶體、電容、電阻等這些元件整合在一片矽晶片上，也就是現在所看到的ＩＣ晶片，就是積體電路，也稱為微電路，就是指製作在半導體晶圓表面的微型電路。

半導體

　　是指一種導電性在絕緣體和導體之間的物質，可用於製作積體電路的材料，如鍺、矽和砷化鎵。半導體的導電率受到添加物的控制，很適合作為資訊元件的製作材料。

▲ 陳力俊（右四）當選為中研院院士，研究成果深獲肯定。

導下創意無限，進入半導體公司後，將臺灣的半導體技術推向
高峰，傲視全球。

　　不過，隨著奈米科技研究風行，陳力俊也猶豫要不要離開
他原有半導體研究的舒適圈，挑戰奈米材料的研究。正當他感
到遲疑時，與中央研究院院士何志明的一席話讓他下定決心，
何志明說：「材料科學變化很快，研究要具有未來性，轉變是
為了學生未來的競爭力，現在奈米材料很熱門，學生需要了
解。」因此，陳力俊決定從研究 20 年的半導體金屬矽化物材
料，轉入奈米材料研究，但沒想到，這項研究反而因半導體元

件越做越小，進入奈米材料的研究範圍，兩者巧妙的交會了。
由於陳力俊在矽晶圓奈米材料上的研究成績亮眼，為產業挹注
了豐沛的能量，而他用心培養出來的人才也成為各大學與研究
機構爭相延攬的對象。

　　在清華大學服務 40 多年，陳力俊在金屬矽化物、薄膜材
料到奈米材料的研究都得到國際肯定，2006 年當選中央研究
院院士，他是極少數臺灣本土培養出來的頂尖學者，成就非凡
且享譽國際。

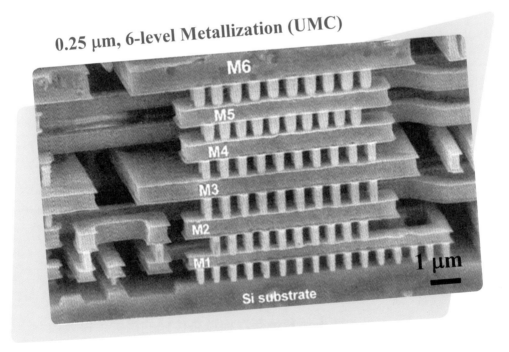

積體電路剖面金屬與金屬矽化物掃描電子顯微鏡像。

奈米是一種長度單位，和公尺、公分一樣，都是長度單位。但奈米很小，約十億分之一公尺。針頭直徑約 100 萬奈米，紅血球直徑約 1000 奈米，氫原子直徑約 0.1 奈米

人體	針頭	紅血球	分子及 DNA	氫原子
20 億奈米	100 萬奈米	1000 奈米	1 奈米	0.1 奈米

校長的高度與思考

　　成為清華大學校長後，他開始思考清華大學未來的發展方向，清華大學創校校長梅貽琦是他最敬佩的校長之一，雖然沒見過梅校長，但是高二時梅校長去世，他與同學曾到校長靈前致祭。不過，當選清大校長後住在梅校長住過的宿舍，每天散步經過梅校長墓園，總會想起梅校長在短短幾年內，就讓清華

大學成為國內一流的大學，因此下定決心努力實踐梅校長創校的期許，他記得梅校長曾說過：「大學非有大樓也，有大師之謂。」因此，他積極延攬國際知名的學者到清華大學任教，更推動駐校作家、藝術家，助長校園人文風氣。

　　他也將學生成績的評量方式，從以前的「計分」改為「A、B、C 等級式」，因為他認為清華大學的學生都很優秀，成績

▼ 接任清華大學校長後，陳力俊（右一）延聘國際大師，力推人文校園。

只要達到一定水平的學習效果就可以，不需要在分數上斤斤計較，為了多拚一兩分花很多時間，應該將時間花在更有意義的學習上。他說：「在校第一名的學生，出社會後不見得成就最好，所以，不必爭第一名。」未來的成就不只比專業，更要比態度，懂得尊重別人，願意與人合作的態度非常重要。

擔任校長是陳力俊的教育志業，他要把過去從許多校長身上學到的優點，回饋到學生身上，讓學生在校不只課業學得好，更要有多元的發展，培養良好的品格態度！

用材料科學改變未來

陳力俊認為科技發展要突破得靠材料，材料科學有進展，才可促進產業進步，而且未來的材料發展空間仍然很大。材料科學的發展在人類歷史上影響非常大，煉鐵技術的改變，不但造就人類史上的工業革命；玻璃製造與磨製技術的突破，也開啟了天文學、物理學的新頁。我們身邊的每件物品，木頭、沙發、輕鋼架，都包含著各式各樣的金屬、半導體、玻璃、塑膠、陶瓷材料，這些材料都有學問，從原始材料的探討、煉製、裁切、研磨技術的突破，都藏著許多專業的科學與技術，有很多可以再精進的地

▲ 清華大學在陳力俊（左）的帶領之
下，校務發展蒸蒸日上，獲得「國家
品質獎－機關團體獎」殊榮。

方，而每項專業的突破，都將對新科技帶來很大的影響。

　　陳力俊不但是電子顯微鏡觀察的翹楚，更是半導體材料的
專家，在半導體材料領域的研究突破，也引領臺灣電子科技的
進步，現在臺灣的半導體產業，已在全球具舉足輕重的地位，
相信在陳力俊與其他科學家的努力下，未來還會繼續保持領先
的地位。

　　喜歡求新求變的陳力俊，如今已卸下清華大學校長的職
務，重新回歸專業領域，繼續投入他所熱愛的研究，不僅如此，
他還透過大量的閱讀和寫作讓自己持續吸收新知、思考創作。

已經出版六本非專業著作的陳力俊，為了讓更多人可以了解他的教育理念與想法，至今仍每天孜孜不倦地筆耕，為下一本著作而努力。他奮鬥不懈、終身學習的精神與態度，值得你我學習。END

陳力俊小檔案

現職：臺灣聯合大學系統校長
　　　國立清華大學特聘研究講座教授
學歷：國立臺灣大學物理學學士
　　　美國柏克萊加州大學物理學博士
經歷：中國材料科學學會理事長
　　　國立清華大學材料科學工程學系教授、系主任兼所長、工學院院長
　　　中華民國顯微鏡學會理事長
　　　中央研究院第 26 屆院士
　　　臺灣聯合大學系統副校長
　　　行政院國家科學委員會副主任委員
　　　國家同步輻射研究中心董事長
　　　世界科學院院士
　　　國立清華大學校長
　　　斐陶斐榮譽學會理事長

> 選擇未來志向不要擠熱門，應掌握眼前的機會，
> 慢慢走就能找出方向，在還沒找好方向前，
> 要努力打好學理基礎，避免機會來了卻沒有準備好。

華語語音辨識先驅

金聲三號

一字一音反覆磨練，
讓機器也能聽得懂中文。
李琳山畢生投入語音電腦分析，
開發出全球第一套華文語音辨識系統，
不僅帶動全球華語語音技術發展，
更是臺灣研究語音技術的先行者。

李琳山

少時不擅言詞、熱愛閱讀的李琳山，後來卻開啟華語語音電腦分析之先河，成為臺灣研究語音技術的先驅。

　　他求學、留學時代始終專注堅持，從不放棄努力，最後走出一條屬於自己的路。返臺後在母校臺灣大學電機系和資訊系任教將近四十年，培養出無數引領國內外產業的菁英人才。而長期投入研究語音訊號處理，李琳山建立起最早的華語語音電腦分析系統，開發出全球第一套華文語音辨識系統。他的研究成果不僅促進了國內語音相關領域發展，也帶動全球華語語音技術研究，近年來更進一步發展出新一代的語音處理技術，未來希望能用聲音直接搜尋網路資源，充分展現創新精神。

　　因為在學術與研究上的卓越貢獻，讓他先後榮獲了 1985 年中華民國十大傑出青年、2015 年總統科學獎、2016 年中央研究院工程科學組第 31 屆院士等多項獎項肯定，為國家與社會帶來深遠的影響。

實現機器與人類對話的夢想

　　1980 年，當時臺灣大學電機系有一位年輕教授李琳山，剛從美國史丹佛大學讀完博士回來，懷抱著教學的熱情回到母

校服務，他大膽地開授了一門全新的語音研究課程，帶著學生進行實驗，研究華語的語音辨識。

在只有有線電話的那個時代，異地間通訊已經是很大的成就，哪能想像日後機器可以辨識人聲，簡直是天方夜譚。但國外先進的研究室，已經在英語語音辨識的研究上有初步進展，德語、法語、日語等零星研究也有耳聞，然而華語部分還乏人問津，李琳山首開研究的先聲，可以說是華語語音辨識研究的第一人。

但走向這個全新領域其實是偶然。李琳山笑說，初回臺大，電機系各類課程都有老師開了，他需要尋找新的課程主題，偶然讀到一本叫做《語音處理》的英語教科書，靠著過往學習的根基，透過自學的摸索，居然把這門課帶領得有聲有色。也因為投入大量時間和精神，逐步建構出華語語音辨識的系統。

手機和電腦都是冰冷的機器，他是怎麼做才讓機器聽懂中文，還能說出一口標準的華語呢？

　　語音辨識就是讓機器學會聽懂人類的語言，執行我們要它做的指令，提升生活的便利性。在辨識語音前，必須蒐集大量的聲音樣本，轉換成數據儲存，並讓語音辨識裝置分析並進行深度學習，來判斷使用者輸入的聲音可能跟哪一個樣本資料吻合；機器蒐集的語音數據越多，訓練後辨識效果越好。

常見的用途有語音撥號、語音導航、語音輸入和檢索等，蘋果手機的語音助理（Siri）就是將大量的語音分析資料存在雲端，當使用者與 Siri 對話後，所輸入的語音傳到雲端的語音辨識系統，快速分析大量資料後，進行聲音辨識、搜尋資料，合成聲音和造句，再傳回給使用者，回應使用者的指令。

一字一字磨成大師

　　滿懷熱情投入，李琳山卻發現華語語音辨識並沒想像中容易，因為中文的語言結構跟英文完全不一樣，國外的研究文獻根本派不上用場，他必須從頭開始，以中文本身的結構來思考。

　　李琳山想到，早期中文打字機有一個大鍵盤，上面有好幾千個鉛字，打字時就一個字一個字按，不像英文字是用 26 個字母組成，他想：「咦？中文有這麼多個字，那音也有那麼多嗎？」他數了數，字音大約只有一千多個，中文的特色就在於同音字非常多。

　　此外，他也發現華語有一個很大的特徵——一句話念出來時每一個字都是一個音。因此如果把「今天天氣很好」逐字分開來念：「今、天、天、氣、很、好」還是聽得懂，這是華語獨有的特色，其他語言都沒有。

　　所以李琳山決定用最簡單且直接的做法，就是把每一個字都斷開來讀，錄起來存進電腦裡。剛開始只錄製一個人的聲音，因為每個人聲音特性都不同，固定一個人的聲音，電腦比較好判斷。雖然這樣的工作可以請學生幫忙，但思考到一旦學生畢業後，這臺電腦就沒辦法判讀其他人的聲音，一切又得重

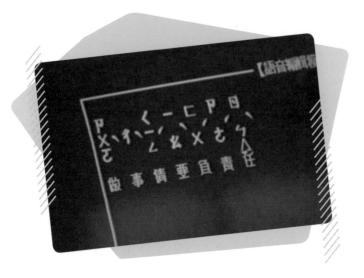

金聲一號一次只能輸入一個音，而且要等上好幾秒，螢幕才會顯示對應的文字，但能讓電腦「聽」懂華語並顯示出中文。

頭來過，所以李琳山決定親自錄音，他常常待在實驗室裡，一個音、一個音反覆的錄，若干年後才能讓單音連起來變成句子。

華語和英語語音辨識有什麼不同？

在 1980 年代，電腦的計算能力有限，能蒐集的數據也很少，當時人們會針對不同語言的特性來發展語音辨識技術。譬如華語有四聲和輕聲，英語沒有，還有華語是一字一音，每個「音」可代表很多同音字，每個字都有代表的意思，由字再構成詞，一千多個音可以組合成千變萬化的詞句；英語則是用字母拼音而成，單字中每一個字母分開來並沒有特別的意思，所以跟華語的差別非常大。

時至今日，科技進步已經可以讓機器自動學習大量的語言和數據，所以華語和英語兩者的辨識技術差異也慢慢縮小了。

教會電腦「說」出抑揚頓挫之美

　　把一千多個單音都輸入到電腦儲存，只是跨出第一步，李琳山很快就發現，即使讓單音合起來拼出句子，但電腦說出來的話卻是口齒不清！例如：「我有好幾把小雨傘」，在電腦上每個字都念成三聲，但當人們念的時候，會自動把「我、好、幾、雨」念成二聲，因為當兩個三聲字相連時，前面的字要念成二聲；句子中的每個音只要前後字不一樣，就會有不同的抑揚頓挫的變化，語句表達才能流暢優美。

　　他苦思解決之道，後來決定先錄完一大堆句子，再慢慢用人工手動分析，找出華語的抑揚頓挫規則；在整合出各種規則

李琳山和身後全球最早的華語語音輸入系統「金聲一號」，照片攝於 1992 年。

後，讓電腦用單音組成句子，並按照規則調整句子的抑揚頓挫，這樣一來，電腦「說」的話就開始比較接近一般大眾的語氣了。到了 1984 年，李琳山完成了「電腦說國語」系統，只要用鍵盤輸入文字或注音，電腦就可以發出這句話的聲音。

後來，為了提升電腦運算速度，李琳山還特地從國外購買「平行運算電腦」，終於在 1992 年完成了全球第一部華語語音輸入系統，命名為「金聲一號」，但當時它一次只能輸入一個音，經過不斷改良，三年後的「金聲三號」終於可以不需一個字一個字念，而是直接輸入一句話了。

1995 年可以完整輸入一句話的「金聲三號」終於完成。

早期研究語音技術的困難

　　在當時的年代，李琳山剛開始投入研究語音辨識，幾乎可說一切從零開始。譬如，輸入電腦的語音訊號必須經過數位化，才能讓處理機分析，可是當時並沒有能將語音訊號數位化的電路，必須自己買元件來設計。還有，早期的電腦記憶體容量很小，連一句完整的話都無法儲存，電腦處理器的計算能力不盡理想，輸入一個指令得等上老半天，說完一句話的第一個字，緊接著的第二個字會來不及分析，困難重重。

　　還有一大難題，當時的軟體運作能力並不靈活，必須加入很多硬體來幫助軟體組成運算模組，再把眾多的運算模組，整合成更複雜的運算系統，所以常常會發生即使單一模組運作沒問題，組合成系統後卻常失靈的狀況，面對各種軟、硬體的限制，李琳山必須想辦法一一克服。

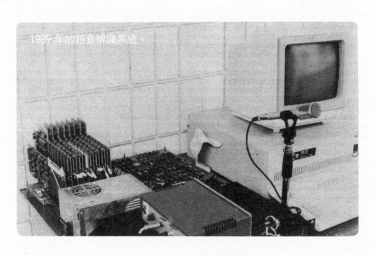

1989 年的語音辨識系統。

神遊書海的文靜少年

憑藉著過人的毅力，李琳山一聲一字詞、一步一腳印，慢慢累積出了研究成果，公開發表產生了影響力，奠定華語語音技術發展的基礎，也成為國內外公認的大師。上過李琳山的課或聽過他演講的人，都會對他一口字正腔圓、如播音員般清晰悅耳的國語，以及有條不紊、侃侃而談的風範，留下深刻的印象，然而這位研究語音的大師，平素性格內斂，並不多言，小時候更是省話一哥！

童年時的李琳山，喜歡沉靜在自己的世界裡，住家附近有一間很小的圖書館，放學後他常常跑到圖書館借書，把愛迪生、牛頓和拿破崙等名人傳記和文學名著帶回家看，一個人享受書海浩瀚，對知識懷抱熱情。此外，他不只鍾情課外書籍，連學校課本也是讀得興致盎然，國語、歷史、地理、數學和自然，沒有一科不喜歡，李琳山還記得，有一陣子他非常喜歡研讀地理，經常翻開地圖，自己一個人看得津津有味，在腦海中幻想神遊世界各地。

上了中學後，李琳山只要每接觸一門新的課程，都是發自內心地喜愛，從高一上的生物課、高二開始的化學課，還有後來物理課，都帶領他看見不一樣的世界。

就讀臺大電機系二年級的李琳山（左二），
寒假時與當時就讀臺大外文系四年級的姊姊
與父母合影，哥哥當時已赴美留學。

和爬山一樣，鎖定目標、勇往直前

從小，父母教會李琳山「衣食溫飽就是幸福」，希望他凡事知足，培養獨立自主的個性。他的父母一生克勤克儉，待人溫良敦厚，給了李琳山最好的家教和身教。當他高中畢業後，進入臺灣大學電機系就讀，當時的願望想跟父親走一樣的路，當一個踏實又進取的工程師。

大學階段，投入課業之餘，李琳山還參加了登山社，爬山並不輕鬆，一趟可能要走上 7 ～ 10 天，李琳山體力一向較弱，比不上登山社的資深山友，常常落在隊伍後面，還不時需要別

李琳山（右前第二人）讀電機系三年級時走「能高越嶺」，正通過「天長斷崖」，左邊遠處的同學正用手攀扶走過坍落的斷崖。

人幫助拉一把。印象很深的一次經驗是，大家走了很久，沿路只看到亂石和坍方，當他們走到一處峭壁時，忽然視野變得開闊，前方出現一座美麗的山峰，陽光照著山頂的皚皚白雪，閃閃發亮！這時，領隊指著那座山說：「那就是我們要去的地方，不過，還要走上兩天。」雖然接著再轉一個彎，就看不到那座山了，但是大家都知道，只要持續往前走，再走兩天就會抵達。這個美麗的記憶，一直是他人生道路上的明燈。看似晦澀不明，但只要持續前進，美好的風景肯定在不遠處等待。

　　登山哲學讓李琳山一生受用，往後當他碰到任何困難，都能坦然面對，因為他堅信：「只要有明確目標，即使眼前的道路泥濘崎嶇，只要努力向前，最後一定會走到。」

艱苦的留學生活

　　由於當時的風氣，臺大電機系的畢業生大多會出國進修，李琳山也不例外，卯足了勁申請到美國知名學府史丹佛大學，邁向另一座學習高峰，入學通知固然欣喜，但是需要先匯一筆錢到美國才能辦理簽證。高昂的學費有父親的支持已經非常感激，但他不敢跟父親說，那筆錢其實只是史丹佛大學一年三個學季（九個月）的學費，並不包含生活費。憑著膽識和自信，到美國再說，他就出發了。

　　李琳山的盤算是，先註冊兩個學季，第三季的學費則挪來先當生活費，只要在六個月內拿到獎學金，後面的註冊費和生活費就有著落了。入學後得知三個月後學校會舉行博士資格考，所有碩士生都可以參加，只要通過考試、找到指導教授，就有機會拿獎學金，但是這項考試非常嚴格，一天內必須輪流跟十位不同領域的教授進行一對一口試，大約會刷掉一半的學生。李琳山將全部的希望都寄託在這次考試上，不久考試結果公布了，他鼓起勇氣到系辦公室門口看榜，卻發現上面沒有他的學號。

　　「怎麼可能？」他看了好多次，名單上就是沒有他，離開走沒幾步，他想想又再折回去看，就這樣來回反覆查看，最後不得不接受落榜的事實。那天晚上，李琳山焦慮無法入眠，他

想，難道就只能這樣打包回家嗎？不行！他決定重新擬定作戰計畫，面對前所未有的難關！

不放棄任何機會，千里馬尋伯樂

李琳山向來有工程師實事求是的性格，A 方案行不通，就擬出 B 計畫，一步步解決。

他的第一步是「開源節流」。雖然每一毛錢都要省，但不吃飯也不行，於是他到超市研究了半天，發現馬鈴薯、菠菜跟帶骨的雞肉是價錢最便宜的澱粉類、蔬菜和肉類，從那天開始，他每天只吃這三樣食物。除了「節流」之外，他還得想辦法「開源」，當時他打聽到學校會找學生來當小助教，幫忙改物理跟微積分作業，還有時薪可拿，而且任用外籍學生也不違背法令與規定，所以他決定去當小助教。

李琳山心想，最好的

解決方式還是得找到教授願意錄取他到研究室做研究，他才能繼續完成學業，雖然自己沒通過考試被錄取的機率很低，但只要有一絲希望都不能放棄，要努力嘗試所有的可能。

於是，他從自己最有興趣的領域開始，到每間研究室去敲門詢問教授是否願意錄取他，所有的教授都搖頭拒絕，最後遇到一位研究「人造衛星通信」的教授，由於當時的越洋電話都是透過衛星傳送，他從來沒有接觸過通訊領域，李琳山誠實地跟教授說明他完全不懂這個領域，教授卻回答：「沒問題啊！如果你都會的話，就不用來我這裡啦！」這位教授不但錄取他進入實驗室，還願意給他獎學金，讓奮戰到最後一刻的李琳山終於如願以償！

「世有伯樂，然後有千里馬。」一直到現在，李琳山都覺得那位教授就是他的伯樂，但這位伯樂不是從天上掉下來的，而是他嘗試了所有的努力，也許是那份奮鬥而不放棄的精神，打動這位教授，錄用了這位當時是通訊門外漢的李琳山。

回家不需要理由，所學貢獻母校

為了繼續完成學業，李琳山毫不猶豫改變研究方向，進入通訊領域，當時為了補足通訊知識的不足，他幾乎每天都到圖書

館報到，連放假也不鬆懈。那個登山哲學成真，峰迴路轉後，美麗的風景就在走過泥濘崎嶇的道路後出現，他以超前的速度，三年時間就拿到碩士和博士學位。

儘管學有所成，他思考未來的出路，並沒有跟著大家走相同的軌跡，當時許多學長們在美國當教授，有些進了頂尖的研究機構或到大公司當工程師，但李琳山卻一心要回臺大教書。美國強大的國力和豐沛的資源，遍地是機會，很多人不解的問他，為何如此抉擇？他說答案很簡單：「回家不需要理由。」

回到母校臺大，當時李琳山想改變學習環境與氛圍。他想：如果每年教一群學生，把學生們教好，將來他們能做的事一定

作育英才無數，李琳山（第二排右三）期許學生們未來能有成就，為國家、社會與產業帶來更大的影響力。

李琳山的課堂總是擠滿學生，這是他的實驗室例行討論，同學們一樣專注用心。

比自己一個人做的更多；十年教出十群學生，就可以為國家與社會發揮更大的影響力！

李琳山上課時嚴謹認真，內容精彩扎實，所開設的課程也受到學生歡迎常常爆滿，有些學生擠不進教室，乾脆站在窗外聽他上課！

做對的選擇，培養不被取代的能力

李琳山很享受教課、帶學生做研究的過程，他常說學生的成就，就是老師的成就，現今很多電機資訊領域的佼佼者，都是他的學生。

▲ 2017 年李琳山（倒數第三排正中央）帶領的語音實驗
室歷年碩博士生大團圓，活動有 120 人到場參加。

　　被學生暱稱為電影「星際大戰」中德高望重、原力與劍技都頂尖的絕地武士之師：尤達大師的李琳山，除了關心學生的學業，他也經常勉勵他們。在每年《信號與系統》這門課的最後一堂，他都會分享自己的學習歷程及人生經驗，希望讓即將面臨就業、就學抉擇的畢業生們，能做出對自己未來最佳的選擇。

　　他分享自己當年面對要留在美國當教授、去 IBM 或貝爾實驗室工作，還是回來臺灣當教授？他認為，正是因為 Needed（被需要），且能 Make difference（創造不同），盡情發揮所長，所以讓他決定回到臺大教書。因為他可以

把在史丹佛大學所學到的先進知識與研究方法帶回來，真正創造出與眾不同的學習環境。作為教授，他有活潑的創造性思維，認為能夠做的事情很多，一邊教書、一邊讀書做研究，再把新的知識技術教給全臺灣最優秀的學生，真的是樂在其中啊。

這樣的使命感與熱情，讓他不厭其煩的在課堂上勸勉學生「多做加法、少做減法」，盡量接觸多元的領域，不要排斥陌生的探索；如果有兩個工作或是兩個研究題目要選擇，當然要選擇「充滿未知」、「人少的」、「比較難的」。

面對新知識爆炸性成長、科技日新月異的時代，當學生們出社會後發現自己讀的書已經跟不上時代，該怎麼辦呢？李琳山認為，只要把基礎觀念學好，隨時注意迎頭趕上、學習最新的技術，如果發現看不懂，就再回頭找這項新知識的基礎相關資料，讀懂了再去學習新科技，有了正確的態度及方法，就擁有不被取代的能力。

他也提醒學生們做事要「講求效率」，因為一個人的時間和力量都是有限的，如果沒有效率的話，往往會事倍功半。有一句他常說的名言：「一寸光陰，一寸鑽石。」整段的時間適合拿來作學問，就像顆大鑽石一樣珍貴，要是你把它切成碎鑽去做瑣事，就失去原有的價值了；另外，他認為「一次只做一件事」很重要，因為每天都有很多待辦的事項，就

▲ 臺大電機系大學部的小畢典結束時，畢業生們爭相
與李琳山（倒數第二排中間偏右）合影，感謝老師
的付出與帶領。

好像面前有很多水龍頭，如果同時打開，一定會手忙腳亂，一次只開一個水龍頭，裝滿一桶後關掉，再裝第二桶，這樣一滴水都不會漏掉。

即使隨著網路發達，所有的知識都能被搜尋，李琳山依然深信基礎學科要學好，才能判斷、理解這些網路上的知識真假，並且將資料重新組織、理解成為結構化的資訊，才能內化成為自己的實力。他笑說：「如果你的工作是工程師，那麼遇到不懂的問題，有時間可以去網路上搜尋資料。但如果你的工作是醫生，看診或開刀到一半，總不能說要 Google 一下吧！」

用說的，打開知識寶藏的大門

大半輩子的時光都投注在教書和語音研究，李琳山發表的論文推動了華語語音技術及學術成功發展，但他從未停止追求更大的夢想，現在他最感興趣的領域之一是語音資訊搜尋，也就是語音版的 Google。

簡單來說，現今的網路搜尋是用文字去找文字，人們需輸入關鍵字，才能找到網路上的影片或線上課程，如果影片中的標題、內容描述或字幕上沒有這個關鍵字，可能就找不到了。又或是即使找到影片，也要仔細看（聽）完整段影片，才知道你要找的那句話出現在影片中的哪裡。

李琳山心想：「既然多數影片都是有聲音的，如果用聲音來找聲音，搜尋效果應該會更方便。」尤其是網路上有數不清的影片和課程，根本看不完也聽不完，如

果能讓機器去聽完全部內容，去蕪存菁後再加以融會貫通，依個人的需求自動製作「客製化課程」，應該大有可為。

就好像在《阿里巴巴與四十大盜》的故事中，只要說：「芝麻，開門！」這句咒語，就能打開藏著寶藏的山洞，李琳山希望未來只要開口說話，就能為人類打開知識寶藏的大門！ END

李琳山小檔案

現職：國立臺灣大學資訊工程學系及電機工程學系特聘教授
學歷：國立臺灣大學電機系學士
美國史丹佛大學電機工程碩士及博士
經歷：國立臺灣大學資訊系主任、研發會主委、電機資訊學院院長
中央研究院資訊科學研究所所長
IEEE 國際電機電子工程師學會電信學會副理事長
國科會工程處電機學門召集人
中華民國十大傑出青年
國科會傑出研究獎
中華民國教育部學術獎（工科）及國家講座主持人
總統科學獎
中央研究院第 31 屆院士

面對學習，選擇 人少、充滿未知、選難的；
面對工作，選擇 *Needed*（被需要的）、
Make difference（創造不同）、發揮功效。

發現臺灣早在三萬年前就有人類遺跡，
臧振華多年來領導臺灣考古界，
搶救並保存珍貴的考古遺址，
更帶領考古團隊探索水下文化寶藏，
把精采珍貴的文化資產呈現在世人眼前。

臧振華

臺灣考古學墾拓者

<big>走</big>進古文明的遺跡，展開神秘色彩的情節，演出穿越時空的傳奇，這一向是電影偏愛的題材，電影裡的考古學家，性格浪漫熱愛冒險，臺灣也有這麼一位考古大師，不但在陸地上考古，更帶領考古團隊展開水下考古。他的身材壯碩、聲音宏亮，上山下海樂在其中，外表看來有幾分硬漢風格，但又能細心爬梳線索、將史蹟整理成文獻，認真作學問，他就是臧振華，臺灣考古權威。

考古學家，身懷十八般武藝

「真正的考古學者，不論颱風下雨、日曬雨淋，常常都要到野外做考古的工作，必須身懷絕學，上得了實驗室也下得了土坑；還要博古通今說得一口滿天星月的好故事，十八般武藝樣樣通。」臧振華一派輕鬆的笑談自己的工作，不僅要堅持，更要忍受不為人知的辛苦，付出超乎常人的想像。

但一開始，臧振華卻差點就錯過了這個讓他發光發熱的考古人類學系，還好諸多的因緣際會，讓他踏上這考古學之路。

原來當年大專聯考的時候，因為家裡經濟因素，父親交代只能填公立學校，加上那時選校不選系的風氣盛行，所以他把

1967 年臧振華
（右）到臺東鯉
魚山考古的工作
照，左為同系同
學。

臺大所有的科系都填了，就是沒有填考古人類學系。他的高中
導師林昭雄看了志願卡後不太同意，告訴臧振華說考古人類學
很有發展，甚至還開玩笑說：「連董作賓先生幫人家鑑定甲骨
文，都能賺不少錢。」加上在美國留學的表姊，也以當時美國
各學系的多元發展情形鼓勵他，不要放棄這個頗具發展的「潛
力股」。所以他硬著頭皮，把志願卡擦了又擦，重新填寫。沒
想到，最後他錄取了考古人類學系。

　　進入臺大考古人類學系就讀的臧振華，一開始並不確定自
己是否適合走這條路，他還記得自己在升大二時，因為對考古
理論沒有興趣，填了轉系申請表，打算換跑道。當時適逢系裡
的宋文薰教授招兵買馬，在暑假組團去臺東鯉魚山遺址考古，
他抱著去旅行的心情，報名參加了這次的行程。

沒想到考古實在太好玩了！白天挖掘、記錄，晚上跟教授在借住的天主教堂中上夜間課程，不但了解如何挖土，如何辨識人骨、考古地層和器物，透過實作讓生硬的理論更鮮活，學起來很有成就感。於是他回學校後，立刻撤掉轉系的申請，一頭栽進考古的世界，而一晃四十多年過去，臧振華也在考古領域玩出了一番成就。

◀ 整理、量測

考古人員會將遺址發掘出土的物件進行分類及清理，記錄其質地、重量、外觀形制等等資訊，加以整理編號，以便後續查找資料。

▼ 資料分析

出土遺物經過整理、修復的過程後，會尋求其他專業領域的人員進行各種科技分析，推測及解釋該物件所代表的年代與意義。

▲ 修復

通常遺址出土的遺物都會有破損，若有收集到較為完整的碎片，將會進行物品的修復作業，修復的過程中，必須小心翼翼，盡可能將考古遺物還原至原本的模樣。

濃厚的學習興趣，玩出大成就

臧振華說：「我應該是在對的時間，做對的選擇，又幸運地進入名師如林的考古人類學系。」當時的臺大考古人類學系老師，像是李濟、高去尋、陳奇祿、石璋如、宋文薰等都是中央研究院院士級的人物，受教於這些大師，加上有濃厚的學習興趣，臧振華的學業表現非常優異，一路念到碩士，他的碩士論文《南投縣烏溪河谷史前文化的調查研究》，當時獲得很高的評價，連參與審查的哈佛大學張光直教授也認為可以和他教的哈佛大學學生的論文媲美！

1994 年臧振華（右）
與恩師張光直院士
（左）合照。

念研究所時
期，臧振華
在烏溪河谷
考古調查。

也因此，畢業後他先留任臺灣大學，然後受聘到中研院歷史語言研究所，再到哈佛大學燕京學社擔任一年的訪問學者，提攜他的張光直教授，又適時寫了推薦函，讓他順利留在哈佛大學繼續攻讀博士學位。1986 年，臧振華以《澎湖群島的考古學研究》獲得哈佛大學人類學系和東亞語言文明系的博士。

　　這個研究主題，為史前人類拓殖澎湖群島的歷史提供了極重要的資料和解釋，共發現 91 處遺址，其中有 52 處為史前遺址。他根據考古資料，把澎湖群島的史前文化分為三個文化期，闡釋了古代人類拓殖澎湖群島的年代與過程。

　　臧振華提到，自己從進臺大考古人類學系就讀，一路都受名師指引教導，他們都是自己生命中的貴人，內心銘感不忘。1979 年，他記得出國留學前特別去向中研院史語所李濟所長辭行，李所長告訴他哈佛校徽有 VERITAS 這個字，意思是哈

南島語族

　　「南島語族」是「南島語系民族」簡稱，可說是世界上分佈最廣的民族，臺灣在南島語族分佈的最北端。整個南島語族分佈，西起非洲東南的馬達加斯加島，越過印度洋直抵太平洋的復活節島；北起臺灣，南到紐西蘭。

佛期許所有的學生在求學問、做研究時，都應該以追求真理（Veritas）為最高原則。李濟所長還叮囑他早去早回。臧振華知道所長心中的冀盼，希望年輕人能接起臺灣考古的棒子，所以修完博士學位後他就直接回國，想要回饋母校師長的栽培，衷心希望能為臺灣考古學界盡一份心力。

漁民打撈的破瓦罐、沉船遺骸中有故事

滿懷雄心壯志的臧振華，返臺後總是思考著，臺灣位處南島語族的最北端，一萬兩千年前連結著大陸，經過冰期後海水面的變化才形成黑水溝與臺灣島，澎湖群島正位處重要航線樞紐，戰略位置優異，數百年來，又是海上強權必爭之地，軍事與貿易活動頻繁，想必水下一定也蘊藏著豐富的故事及珍貴的人類遺產。尤其，他到澎湖做考古田野

調查時，常發現漁民們打撈起一些破瓦罐、沉船遺骸，在在加深了他想要做水下考古的決心。

　　水下考古絕對不等同水下尋寶或打撈沉船。水下考古是一門大學問，正式的名稱應該是「水下考古學」。在廣闊難測的海底，藏有無數從古至今的歷史發展印跡，但想把考古場域搬到海底進行是非常艱難的，海底的水壓、海象、能見度、氧氣供給等，都是限制人類探勘海底的重要因素，直到 20 世紀中期水肺發明之後，潛水與探勘技術才向前跨越一大步，為人類揭開海底神秘的面紗。

組成實力堅強的水下考古團隊

　　不僅如此，水下考古還需要有政府的海洋政策作後盾，直到 2006 年行政院為因應國際海洋發展趨勢，才頒訂了「國家海洋政策綱領」，臧振華等待了二十餘年的水下考古終於有譜了！他非常欣喜，政府總算真正注意到海洋文化的重要，但當時在國內，水下考古是個新領域，人才缺乏是最大的問題。臧振華身為長年倡議者，義不容辭接下隸屬行政院的文化建設委員會（現文化部）的委託，組織水下考古專業團隊。為了實現

臧振華（後排
左三）與水下
考古計畫的
同仁合影。

這項從零開始的大工程，必須從澳洲、美國、歐洲，延聘專家
前來訓練團隊成員。

　　同年，他開始執行澎湖、安平、綠島、東沙環礁等多處的
海域調查，臧振華的團隊至今已辨識出臺灣近海至少有 90 處
沉船，這是臺灣第一次有考古學者從事水下考古。調查資料顯
示，這些沉船分佈於澎湖、臺南安平、東沙環礁、綠島等處，
年代遠從宋代、清代到二戰時期都有。其中 6 艘更因為具有高
度文化資產與研究價值，被文化部優先列冊管理保護。

　　例如：1892 年沉沒的英國蒸汽輪船布哈拉號（SS
Bokhara），當時滿載板球選手從香港到上海比賽，回程在澎
湖姑婆嶼附近因遇上颱風而沉沒，造成 130 名左右人員喪生，
是當時轟動全球的大新聞；1942 年沉沒於澎湖外海的日本運輸
艦山藤丸，則是二戰期間日軍徵調來進行運輸的商船，美國記

▲ 臧振華幼兒時期就不暈船，
還有熱愛大自然的天性。

載此艦是被美軍所擊沉，但是日本的記載卻是「觸礁」。臧振華說，這種各自表述的立場在戰爭史料中很常見，遺跡殘骸就像一把鑰匙能解鎖真相，還原史實。這些水底沉船猶如一個個潘朵拉盒子，打開之後，貿易史、遷移史、航海史、戰爭史立刻躍然呈現世人眼前。

　　臧振華表示，從事水下考古的人，必須身體健康、耐操、會潛水、不會暈船、喜歡戶外活動。而他自己的 DNA 裡是不會暈船的，原來 1 歲多時的他由母親抱在懷裡，和父親從山東坐船渡海來臺，那一個月的海上顛簸，他始終不哭不鬧、安定平穩。小時候更是愛到山裡溪澗去玩耍、抓蟲釣魚，被虎頭蜂追、被蛇嚇，但熱愛大自然的他樂此不疲，課餘常往山裡跑。他笑說：「我的人生旅程，早早就鋪好底子了。」

　　至於組織水下考古團隊，則是專業與專業的相互支持，「要先確認考古學者不會暈船、然後教考古學者潛水，再教潛水的專業人員考古。」中研院的這支水下考古隊伍的實力相當堅強，除了考古，也曾協助過特殊的任務，包括在 2015 年 2 月初，復興航空 235 號班機墜毀於基隆河南港段，當時空難

水下考古的訣竅

　　水下考古充滿挑戰，試想茫茫大海，該鎖定哪邊開始尋找呢？臧振華提醒兩個方法：

　　第一，從文獻資料中尋找蛛絲馬跡，依自然環境和歷史紀錄，判斷哪幾條航道特別容易出事、哪幾塊區域最可能有沉船、哪個區域會有遺址。

　　第二，向船家耆老或潛水客探問，並做「口述歷史」。臧振華得意地說：「船老大們最清楚在哪個地方會有沉船勾破漁網，或是哪邊撒網可以撈到一堆瓦片陶罐。」以此鎖定探勘的範圍，所以他的團隊需要花工夫跟漁家、潛水客「搏感情」。

搜救已經進入第 5 天，臧振華帶領中研院水下考古隊 4 人，自澎湖搭機趕來協助，水下考古隊搜救所帶的金屬探測儀可偵測 40 至 50 公尺深、方圓 5 公尺內的範圍，只要遺體上攜帶有錢幣、戒指項鍊等金屬物質，即可被偵測，強大的執行力，即時發揮在救援的工作上。

　　長期浸泡在水中的遺跡、文物，可能因被浸泡而腐蝕，或被海中砂礫、珊瑚礁和藤壺等生物覆蓋，但它們長時間待在原地，早已建構出一個相對穩定的環境。但是被打撈上岸後，面對陸上環境的光線、壓力、空氣等劇烈變化，這些「出水」文物反而會遭遇毀滅性的破壞。不僅打撈作業危險度高、風險大，文物出水更需要小心謹慎。從文物離開水面的那一刻開始，整個考古研究團隊得嚴陣以待，迅速將文物送進實驗室進行脫鹽處理。不管是文物的材質和狀態都要相當留意，做好適當的保護措施，以免狀態繼續惡化。臧振華也呼籲：「若是你無法保護這些文物，那就讓它們留在原地吧！」

廣設博物館，讓古文明繼續發光

　　在古文物、殘骸打撈上岸，或在遺址文物出土後，考古學家會對出土或出水文物作整理維護和研究分析，並且完成研究

臧振華在史前博物館擔任館長時迎接外賓。

報告。但這些還只是實驗室內的工作，這些珍稀文物總要有安全的去處，讓它們背後的故事能完整說出來，因此博物館成為考古領域另一個重要的場域，全臺有許多重要的博物館就是因此而建立，譬如文化部的文化資產局在澎湖歷史建築「郵便局」設立水下考古展示館和工作站，為未來在澎湖設立水下博物館先熱身。

還有臺東國立臺灣史前文化博物館的興建，不只是因為臺東出土了舊石器時代的「長濱文化」遺址；在 1980 年，南迴鐵路臺東新站工程範圍也發現了日治時期鳥居龍藏所發現的卑南遺址，由宋文薰教授帶領的考古團隊發掘出許多古文物，這些成果也促成了國立臺灣史前文化博物館的建立。

至於陸上考古與水下考古有什麼不同？臧振華說，兩者的工作環境大不同，但研究方法是一樣的，必須有系統去做觀察、記錄。因為考古工作過程會接觸許多年代久遠、物件飽含歷史價值的珍貴文物，因此必須謹守「考古學者的倫理」不能有蒐藏的非分之想。除此之外，在保留珍貴遺址與人類商業活動兩者利益衝突時，要能折衝協調、溝通說服，也是身為考古學家在考古研究之外的挑戰與磨練。

相信很多人都曾經去過十三行博物館，眺望八里污水廠外巨大消化槽上斑駁的人面陶罐彩繪，早在 1957 年，臺灣大學地質系林

臧振華在史前博物館擔任館長時，赴韓國交流。

朝棨教授在進行地質調查時偶然發現，並確認此地為史前遺址；兩年後，石璋如教授帶領臺灣大學考古人類學系學生們，進行十三行遺址的首度挖掘。

但在 1989 年八里污水廠卻決定在位處十三行遺址的範圍上建置施工，為了避免遺址地下埋存的文化資產受

▲ 2008 年臧振華在澎湖考古調查。

到工程破壞，文建會（現文化部）在召開「十三行遺址發掘維護事宜協商會議」後達成結論，遺址由中研院搶救發掘，於是臧振華與同事劉益昌等人先後 7 次的搶救調查與考古發掘，共發現陶器、石器、金屬器、玻璃製品、骨製品、生態遺留、墓葬、建築遺跡等上百萬件文化資料，更令人訝異的是還有玻璃手環、玻璃玦耳飾、玻璃珠、金片、青銅刀柄、中國唐宋時代、安南、日本的銅錢等，可見遺址所保存的史前文化遺存相當豐富。

臧振華奔走各單位說服保存這處遺址，使之成為一處優異的文化資產教育場域。並與一群考古學家進行研究調查，日以繼夜的努力終於讓十三行博物館有了今日的風貌。

2002 年 3 月，臧振華又臨危受命前往臺東接下國立臺

臧振華在八仙
洞田野調查之
工作照。

灣史前文化博物館館長的職位，他說：「當時史前博物館剛
發生火災，一部份文物被燒毀。我除了要處理龐雜的災後重
建工作外，還有幾十場官司訴訟有待面對。所幸，我秉承父
母的處世態度：遇事不能亂、凡事與人為善，很快贏得各方
認同，問題迎刃而解。」

八仙洞遺址

位於臺東縣長濱鄉水母丁溪南岸的一處海崖上，因洞窟眾
多，美景如仙境，所以稱之『八仙洞』。海拔高度約 380 公尺，
是火山從海底爆發所形成，後來逐漸冒出海面，這些海蝕洞成為
人類或動物的棲息所，並可能是臺灣最早人類的遺存，具有重大
的文化資產價值。

在任期間，他復建了臺灣史前博物館的火災損壞，更曾帶領史博館從全國 1,515 個受評機關中獲得最優之「行政院服務品質獎」，還通過 ISO9001 品質認證，成為國內第一個通過 ISO 認證的國立博物館。他也獲得吳三連獎人文社會科學獎的人類學類獎肯定，這對臧振華來說完全是意外的收穫，因為他全心投入鑽研學術研究及遺址勘查，並沒有自己去爭取獎項，這次得獎完全出自於評審委員的厚愛，主動推薦。

　　因為這幾次的經驗累積，也讓他有機會成為臺灣幾項大規模考古調查計畫的主持人，例如八仙洞遺址的調查發掘、國內

2005 年獲吳三連獎，臧振華（中）接受陳水扁總統頒獎。

▲ 臧振華（中）在 2000 年在南科建廠的工地上，指揮考古發掘的工作。

臺灣南部科學園區，曾經是四、五千年前許多史前先民生活的場所。考古學者在南科及周邊地區所發現的遺址多達 82 處，分別散佈於南科園區、樹谷園區等處。

團隊與西班牙研究團隊在基隆執行的「聖薩爾瓦多考古計畫」；還有臺南科學工業園區古代文化遺址搶救計畫，這個計畫發掘了大量考古遺址因而促成了南科考古館的興建。

出土文物不寂寞，建博物館繁榮地方

　　除了將古物蒐集、整理、研究、修復和展示在博物館，考古的最終目的是為了傳承與教育。臧振華說，近年來他也積極將考古成果寫成淺顯易懂的科普叢書，讓小孩喜愛歷史、尊重先民、進而愛惜土地。「尤其是將出土文物有計畫性地陳列於博物館，讓家長帶領孩子認識你我生長的這塊土地，這是很重要的人文推廣教育。」

　　博物館的興建，除了教育推廣，間接也促進地方觀光經濟成長。許多人喜歡到臺南參觀古城、品嘗臺南小吃、然後逛逛

臧振華在水下考古調查場域留影。

十三行遺址已成教育場域

　　位於新北市八里淡水河海口交界處，1957 年，由地質學者林朝棨在此發現史前的煉鐵遺跡後，定名為十三行遺址，出土文物有陶器、鐵器、墓葬等先民留下之豐富遺物。十三行人屬於臺灣史前的鐵器時代，距今約 1,800 ～ 500 年前，是目前確定擁有煉鐵技術的史前居民之一。為何命名十三行呢？因為發現地就在「十三行」附近，相傳滿清時期，這裡曾經是重要的貿易商港，有多達十三家行郊在此經商。

南科博物館；或是到新北市走青春山海線、遊逛淡水老街後，輕鬆參觀十三行博物館，穿梭在淡水河口五千年的自然與人文歷史間，看見史前文化與前人生活遺跡，這些沉默的文物帶你進入時光交錯的往昔，創造豐富的文化體驗。

　　人的成就有時來自努力，有時則靠冥冥中的機緣，臧振華對於古物也同樣有一份奇妙的靈感，他很容易感受到「遺址」所在，常常從撿到小小一顆石器或一塊陶片開始，然後發現整片遺址。好比偶爾走到某個地方看見一塊石器，一時靈光乍現，他立刻聯想這裡絕對有遺址，說也奇怪，探勘後果然有所收穫，且屢試不爽。他笑說：「這或許和我長期接受科學訓練，

擁有極精細敏銳的辨識力有關。」

　　細數臧振華的考古工作，主要研究範圍包括臺灣、華南與東南亞等地區的史前文化；先後領導十多項臺灣大型的考古研究計畫，「十三行遺址的發掘」、「大肚溪河谷考古調查」、「澎湖群島古代人類拓殖史的考古學研究」、「臺南科學園區古代文化遺址搶救計畫」等。此外，從 2009 年開始，他在「臺東長濱鄉八仙洞遺址」進行為期四年密集有系統的調查研究，確定臺灣曾有舊石器文化的遺留文物，因此他將人類居住臺灣的歷史上推到三萬年前。

　　臧振華認為考古學一點也不枯燥，一旦用心投入，會發現許多大自然生命的奧妙都在其中，歷史在眼前鮮活地展現出

臧振華（右）是十三行博物館的推動者，2018 年獲新北文化貢獻獎。

臧振華 2014 年當選中央研究院第 30 屆院士。

來。目前在清華大學人類學研究所擔任教授的他，常鼓勵學生：「要從生活中、快樂中培養興趣，並充實自己，才會有更多機會。」年輕人就是抱定做好自己本分的信念，不要抱怨，向前精進，你夠好，老天爺絕對不會虧待你。END

臧振華小檔案

現職：中央研究院歷史語言研究所通信研究員
　　　國立清華大學侯金堆特聘研究講座兼人類學研究所所長
學歷：國立臺灣大學考古人類學系學士
　　　國立臺灣大學考古人類學研究所碩士
　　　美國哈佛大學人類學系和東亞語言文明系特設課程博士
經歷：國立臺灣大學考古人類學系兼任教授
　　　國立清華大學人類學研究所兼任教授
　　　國立清華大學人類學研究所合聘教授
　　　中央研究院歷史語言研究所研究員、考古學組主任、副所長、
　　　代理所長、人文社會研究中心考古學研究專題中心執行長
　　　行政院國家科學委員會人文社會科學處人類學門召集人、諮議委員
　　　國立臺灣史前文化博物館館長
　　　中國民族學會理事長
　　　中華水下考古學會理事長
　　　中央研究院第 30 屆院士
　　　文化部文化資產局「臺灣考古優秀成果獎」

要從生活中、快樂中培養興趣，
並充實自己，才會有更多機會。

2019 年在西伯利亞考古勘查

小歷史研究先行者

開啟臺灣研究在地宗教、醫療與文化歷史之先河，
從漢代的巫者到近代的宮廟文化皆涉獵，
林富士以史學之眼書寫庶民生活，
透過田野調查挖掘社會的共同記憶，
依據過去的巨量資料大膽預測未來。

林富士

歷史研究學者林富士，他的研究版圖很特別，從漢代的巫者研究到近代的宮廟文化，甚至訪談過諸多神明的代言人，連屎尿、廁所、瘟疫都可以成為研究主題，在小歷史的研究上，有著非凡成就。

相較於大歷史所研究的帝王將相、典章制度、朝代更迭……，小歷史以尋常百姓的生老病死為核心，透過在古籍中尋找蛛絲馬跡，搭配綿密的田野調查，展現了民間鮮活的脈動與奔放的生活氣息。可以說，林富士走出了一條，具有獨特視角，又和自己成長歷程相呼應的史學研究之路。

很多人說，童年的生活經驗影響人的一生，在史學家林富士身上，尤其如此。從他的研究主題與方向，可以看見他和土地深刻連結的因緣。

神明保佑下長大的小孩

生長在雲林縣臺西鄉一處靠海，名叫「瓦厝」的小村落，林富士的家鄉，和臺灣許多的鄉野村鎮一樣，視廟宇為信仰和醫療的中心。尤其是在醫療資源貧乏的年代，平時村民一有病痛，總會到廟裡求神問卜。

國小一年級的林富士（右）
是在神明的保佑下長大。

小時候，只要林富士一生病，家人就會帶他去收驚、除煞，求符水治病。為了讓他能好帶、好養，平安長大，長輩還請了五條港「安西府」的神明張王爺，收他為「契子」，所以說林富士是神明保佑下長大的孩子，一點也不為過。而他那信仰虔誠的母親，嫻熟附近鄉鎮的大小宮廟及王爺與仙佛的誕辰，常常準備各種祭品，應時祭祀。小小年紀的林富士，平時跟進跟出，聆聽母親教導他如何拜神、解說神明和王爺公的背景與故事，耳濡目染之下，宮廟文化、神尊傳奇、靈媒迭事，對林富士來說不是書本上的知識，而是真實的生活體驗。

在林富士的記憶裡，宮廟不只為祈福治療而存在，更像是村民的活動中心，平日是孩子們開心玩耍的去處，廟會活動時，更讓全體村民動起來！他還記得每到「安西府」的張王爺生日，著實是在地大事，為了幫王爺祝壽，有從各地湧來的獅陣、宋江陣、鑼鼓隊、童乩、家將齊聚祝賀，還有戲臺子上的帝王將相與神仙戲的演出，熱鬧非凡。

神明的契子

做我的契子，我會好好保佑你！

「契子」即所謂的乾兒子。過去在農業社會，養大小孩並不容易，凡是體弱多病、養育困難，或是調皮、難以教養的小孩，通常會被家長帶到廟裡讓神明收做乾兒子，希望神明保佑他長大。當神明的「契子」，需佩掛神明給的護身符「桼」，直至成年才能解下。

　　兒時在宮廟裡還能聽到老人家訴說張王爺的故事，當時稚氣的林富士懵懵懂懂，哪知什麼是唐代、誰是大將軍張巡、他死守的睢陽城在哪裡？提出一長串的疑問後，老人家只回答：「唐代就是古早、古早以前啦！睢陽城在唐山，就是在大海的另一邊！」

　　等林富士上了學，讀了歷史，終於了解一千多年前的唐朝，以及位在河南省的睢陽，這時他又不禁納悶：「古代的將軍如何來到臺灣成為神明？」好多的疑問，留在他的心中成為

探索的種子，而在長大後，他終於親身投入研究，一一解開心中的謎團。

離鄉背井求學，推開知識大門！

　　談起自己的求學之路，林富士回憶小學三年級的暑假，當時爸爸送他去外婆家跟大表哥學習，這位大表哥是文化大學日文系學生，每到暑假就返鄉開「暑期班」，熱心地替親戚家的弟妹們補習唐詩和英文。

　　由於林富士一下子就學會英文 26 個字母與 4 種書寫法，還

林富士不負眾望考上臺北的成功高中，展開對知識的探索與學習。

能背誦多首唐詩，他笑說：「大表哥發現我記憶力特別好，還跟我父親說：『這孩子不一樣』，一定要把我送去外地好好培養。」

在當時的年代，許多孩子往往只讀完小學，頂多讀到中學，隨即投入工作，幫忙分擔家計。當時，林家有二十多個人，幾乎都靠著林富士的父親做生意一肩扛起重擔，還另外有一小畝田地，由母親和其他家人共同耕種，以維持生計，想供孩子到外地讀書，談何容易？

但在大表哥極力遊說下，林富士終於在 12 歲那年，離鄉背井到嘉義私立輔仁中學就讀，後來不負眾望的考上臺北的成功高中，最後進入臺灣大學歷史系就讀。回顧過往，他由衷感謝鼓勵他推開知識大門的表哥，以及一路支持陪伴他的家人，讓他有機會優游在知識的瀚海。

從興趣出發展開民俗研究

剛進入歷史系就讀時，林富士頗為困惑，他心想：「讀歷史能做什麼呢？」對於研究方向更是一無所知，但他知道自己熱愛閱讀、喜歡寫作，於是他將喜愛與擅長的事情結合，投注到歷史的學習。

當時在專業薰陶下，林富士對於中國歷朝歷代的政經制度、學術思想等都有深入了解，也接觸許多古代歷史典籍。但是，心裡有種感覺：「為什麼我們對臺灣這塊土地的認識那麼少？」就像他找不到熟悉的宮廟文化演變史，來解答童年時期的疑問，「到底張巡如何成為神明？是不是隨著先民渡海來臺？」這些疑問讓他開始醞釀一個念頭，決心自己深入研究找解答！

　　由於當時臺灣歷史學界盛行思想史，林富士雖然有心走入宗教研究的領域，卻不得其門而入。因此在就讀研究所之前，他索性先去當兵，偶然的機緣下他讀到葛洪的《抱朴子》一書，這才找到了開啟宗教研究的那把鑰匙。

　　林富士對《抱朴子》中描述的道教世界著了迷！比方說書

中描述如何養一個母錢，讓母錢生子錢，再把子錢拿出去買東西，到了晚上子錢就會自己跑回家，讓你永遠不缺錢！還有隱身術、神仙術、分身術和變形等各種法術，以及妖神鬼魅的記載，閱讀開啟了他的想像，他彷彿又聽到童年記憶中道士的搖鈴聲、吹角聲和唱誦聲，三清祖師、十殿閻王、地獄鬼神的圖像，一一浮現腦海。

正因為書中的內容與林富士熟悉的宮廟信仰十分貼近，所以他決定另闢蹊徑，從道教歷史切入，走出屬於自己的研究之路。

重建巫者的世界

既然確定從宗教史、道教史展開研究，林富士便開始搜尋古代道教的資料，卻發現臺灣研究道教的學者寥寥無幾，資料更是稀少。只是，每當討論道教起源時，道士往往會被連結到古代的巫覡。巫覡即是巫者，在中國漢代以前，曾有專門的官署職司。巫，雖然在古代普受敬重，可是到了近代，巫師或巫術卻已被貼上迷信和落後的標籤。

何昔日之芳草，成今日之蕭艾？林富士想尋根溯源找出原因，於是他的碩士論文鎖定《漢代的巫者》，展開宗教史的研究開端。

歷史研究最困難的地方，在於研究的對象是古人，無從訪談查證，因此必須如偵探一般，從諸多細節中抽絲剝繭找答案，釐清原貌。而選擇研究巫者，更是難上加難，林富士只能從史記、漢書等古代典籍中爬梳整理、檢視文字，甚至連銅鏡、壁畫、帛畫、墓室等非文字資料，一樣都不敢放過，然後再一步步拼湊出古代巫者的世界。

中國的巫者

沒想到二千年後，一個學歷史的小夥子，願意來研究我們漢代的巫者耶。

　　「巫覡」，女巫者稱「巫」，男巫者為「覡」，指的是具有某種精神特質和特殊才能，能夠與鬼神溝通，幫助人們祈福解厄的人。臺灣所見的「童乩」，即是巫覡在閩南地區的俗稱。

臺灣大學碩士班
畢業典禮時，林
富士（左二）與
一路支持他的父
親、母親、大表
哥在校園合影。

開啟全球視野的歷史觀

　　林富士的碩士論文完成後，獲得系上許多老師的肯定，
他嚴謹又細膩的研究態度，尤其受到指導老師杜正勝教授的
欣賞，不但推薦他進入中央研究院擔任助理研究員，更鼓勵
他繼續深造。於是，在 1989 年，林富士收拾行囊，負笈美
國普林斯頓大學攻讀博士，以中國六朝時期的巫者為研究對

象，而當時的史學大師余英時正是他博士論文的指導教授。

就讀普林斯頓大學期間，林富士深深感受到文化衝擊，學風自由的校園裡，有來自各國的學子，課程安排也從歐洲、非洲、美洲、東亞到中東，多元主題、應有盡有。他彷彿進入歷史學界的「大觀園」，看到多面原始的、古典的、現代的歷史「櫥窗」，大大提升他的歷史「審美」眼光，讓他深刻體會多元文化下，彼此應有的包容與尊重。

在普林斯頓大學求學期間，他還有另一個發現，不論是非洲部落、歐美或亞洲國家，幾乎各地都有巫者，只是彼此的名稱、祭儀、社會角色不同，而這群巫者對於安定社會民心都有功用。

生活就是歷史

拿到博士學位返臺後，林富士更醉心於研究庶民生活，他說：「其實你我的生活，就是歷史的一部分。」也正因為「生活就是歷史」，所以平民百姓的喜怒哀樂與婚喪禮俗中，有太多豐富、生趣盎然的課題值得探索。

他開始將觸角延伸，走出研究室，帶著一群熱情的學生行

腳各地,以相機、錄影、錄音或訪談、觀察的方式,蒐集第一手的資料進行研究,保留了許多珍貴的文史資料。

林富士的研究指出,古代的巫者,除了扮演人與神明溝通的角色、負責祭典外,常常會利用巫術醫治病患,這點和能為人祈福治病的「童乩」功能非常相似。雖然近代的人類學家、民俗學家、心理學家、甚至醫師,因為沒有深入了解,所以大多給予負評。但林富士透過史學家之眼,還原他們作為神明代言人的本來面貌;他更發現古代「疫病」流行時,也是巫覡信仰昌盛之時,原來瘟疫的散播攸關性命,也與世道的不安相互牽連,人們在此時最需要眾神護佑。

此外,在「厲鬼文化」的研究上,林富士也頗有心得,雖

林富士(左一)於日本京都與各國學者共同創設「亞洲醫學史學會」。

然這主題聽起來有點恐怖，但核心卻是在於祭祀孤魂。原來綜觀歷代以來，有許多帝王將相落難兵敗，帶著憾恨而亡，又或者有許多因天災、戰爭、疾疫等意外枉死之人無人祭拜，這些孤魂都被視為「厲鬼」，透過民間的供奉轉化為地方的守護神祇，這些信仰的初衷在於勸善教化，給予人們撫慰與希望。

林富士認為「生活就是歷史」，透過舉辦各種展覽為庶民生活發聲，此為「巫者的面貌」影像展。

這也讓林富士解開多年的疑惑，原來死於刀下，忠義果敢的張巡，從厲鬼成為張王爺，獲得百姓立廟祭拜，香火傳千年，並且輾轉隨著族群的遷徙，從河南來到臺灣，時空跨度之大，令人讚嘆宗教力量與文化綿延的奧妙。

長年奔走採訪、寫作論述，林富士相信流傳千年的信仰能安定社會人心，是一股不可忽視的力量。尤其政治解嚴後，社會風氣大變，在地文化也重新得到尊重與認同，這些民俗盛典與服侍神明的工作者，也不再像以往那樣被各界貶抑，有越來越多的人以尊重的態度，慎重以對。

▲ 林富士在檳榔文化特展中看見
臺灣庶民生活。

鑑古推今讓你超前部署

　　近來全球因新冠肺炎（COVID-19）影響，各國政府紛
紛採取不同的政治、經濟作為，希望能穩定社會經濟及民
心。以歷史為鑑，自古以來瘟疫就被認為是「上天的提醒」，
皇帝及官員要懺悔反省，更要迅速提出改革的作為，以防
止大量人口因染疫而死亡、因生產力下降造成飢荒動亂，
進而引發戰爭、移易政權。

此外，為了防疫，官方也會設立「癘所」或「病坊」來隔離病患，有時朝廷更規定若家中有三人以上感染瘟疫，那麼即使官員本身沒有染疫，百日之內也不得進入宮廷以免造成傳染。對照現今政府的防疫措施、自主隔離，是不是也有幾分相似之處？

做一個歷史界的現代「薩蠻」

「我是一個歷史學者，我常自許成為一個溝通者，希望能透過歷史研究和寫作，在古今之間，摸索不同文化、族群和地域之間的貫通之道。」林富士表示，這和古代的「薩蠻」似乎有異曲同工之妙，都是扮演溝通者的角色。

歷史上的薩蠻

狹義而言，薩蠻信仰是一種分布於北亞、中亞的宗教信仰，薩蠻指的是具有掌握神祕知識、能進入「人神」或「出神」狀態，與靈界進行溝通的人。

屎尿與廁所研究

考證生活中隨處可見的庶民歷史，林富士總是充滿奇思妙想，譬如「屎尿與廁所的研究」，千萬不能小看這個主題，研究中顯示，「屎尿」可是具有三重研究價值！

1. 從農業史的角度：早在殷商時期，人們就已知糞便可以用來施肥；到了戰國時代，「糞田」已經成為相當重要且普及的農耕技術。

2. 從醫學史的角度：「屎尿」是諸多中醫藥方不可或缺的「成分」。譬如在湖南省長沙馬王堆中出土的古老醫書《五十二方》中列出，被毒箭射傷需飲用「小童溺（尿）」；在宋代的《政和本草》等醫書也把「屎尿」入藥。

3. 從宗教史的角度：在《太平廣記》中記載，雖然神仙有飲食、但不用排泄，這也就是說「神仙沒有屎尿啊！」而在《轉輪聖王修行經》這部佛典中則認為「大便」、「小便」是人的煩累，因此有無屎尿就是人和佛的分別。

再由「屎尿」延伸到與「廁所」相關的歷史，也是趣味十足。春秋時代，文武百官上朝時想要小便，是極不禮貌的行為，到了漢代，更可能因此被拖出去砍頭。然而「上廁所」在歷史上卻是一個「脫身」的最好藉口，例如：秦末著名的「鴻門宴」，劉邦就是藉著「如廁」這個光明正大的理由，步履從容地離開的宴席，逃過這場謀殺；曹操也在漢獻帝大宴公卿時，因為「多疑」的性格，懷疑自己會被暗殺，所以用「如廁」這個藉口溜之大吉。廁所還是個最適合謀財害命的地方，因為古代廁所不在住宅內部，而且每天都得要去，隱密性高又對外隔絕，是刺客埋伏刺殺目標的好地點，西漢時期的貫高就是埋伏在廁所，欲刺殺漢高祖劉邦但未成功。

千萬別小看屎尿，是田地的肥料，還能入藥治病呢！

林富士在擔任中興大學文學院院長期間，體認到數位化和全球化浪潮，創立了「鹿鳴文化資產中心」，以創新的數位技術記錄文化。

他說：「透過文獻資料，突破時間、空間和語言文字的障礙，展現自己探索的結果，讓其他人也能看見那個陌生的世界。」兒時那個熱愛閱讀的孩子，現在已經是位樂觀豁達的歷史薩蠻。

林富士由衷希望這些歷史研究能貼近人心、溫暖動人，研究的成果可以引導人們「認識自我」、了解「自我」的形成，更可以鑑古知今，參考過去的經驗，為未來帶來更多的啟發、做好準備！

林富士（右一）認為，歷史包含現在及未來，身處數位時代，要轉變觀念及研究方法，身為數位史學家，他積極推動「數位島嶼風華再現」成果展。

數位科技匯流翻轉歷史

　　綜觀歷史的發展，人類用來創造、保存及傳播知識的媒介已歷經了三次重大的變革：包括口語、文字以及現代的數位多媒體。

　　面對科技匯流的數位新時代，林富士認為未來的史學家必須要能充分使用數位工具、採取新的研究方式，成為在實體與虛擬世界穿梭的「新人類」，當然研究的課題也會與過去大不相同。

「我認為最大的差異在於與眾人的協作。」林富士指出，過去的史學家從資料的蒐集、分析，直到發表研究成果，大多是採取獨立研究；未來，眾人「協作」將成為常態，尤其是史學家與資訊科學家、資訊工程師之間的合作，甚至是與機器、軟體、平台共同協作勢不可擋。透過「群眾協作」也可以協助史學家蒐集、整理、分析資料，例如：維基百科就是協作平台的代表。

　　另一個更重要的改變在於，過去史學家著重於保存社會的共同記憶，強化過去與現在的連結；但在未來，則必須依據過去的巨量資料提供更大膽創新的「預測」。

　　因為很早就察覺到數位革命將為歷史研究掀起滔天巨浪，林富士也積極以「數位人文」的方式研究史學，包括策畫「數位島嶼風華再現」成果展；以及後來他擔任中興大學文學院院長期間，創立的「鹿鳴文化資產中心」，都是期許藉由數位創新的方式，將文化的成果記錄下來，進而創新、傳播、擴大影響力。

　　由於「當下」的資料，下一秒就成為歷史的一部分，林富士認為數位新時代下，人人都應具備人文科技的新素養，面對劇烈變動且具多元價值觀的未來世界，必須擁有開放的心胸、宏觀的視野，以及能與「異質」觀念並存的價值觀，還要擁有與人溝通協調的能力，這是未來史學家最需要培養的素質。

　　如今，林富士仍孜孜不倦地投入歷史研究，雖然已卸下中

央研究院「數位文化中心」召集人的工作，仍致力於臺灣「數位人文」研究領域的墾拓，他也期待能將過往重要的歷史文獻收錄到雲端資料庫中，未來只要利用檢索工具，就能即時找出相關歷史資料，為後人的歷史研究提供更大的便利。

每個人都是未來的歷史學家

「每個人都可以成為歷史學家，都可以替自己或他人寫歷史，而任何『物件』都可以成為珍貴的史料。」林富士笑說。

當然，這些「歷史敘述」必須符合歷史學「證據法則」，這項法則其實與跟法官判案時的原理原則相近，而田野調查又如名偵探柯南破案

從 2016 年迄 2019 年，林富士（左）擔任中央研究院「數位文化中心」召集人，與中央研究院副院長王汎森院士一起為「未來」寫歷史。

般需要邏輯推理，因為真相只有一個！身處數位時代的我們，每個人每天都透過不同的社群社交平台在譜寫屬於我們自己的歷史，他也勉勵大家：「寫下你應誰？而不是由別人來定義你應該是誰！透過這樣的方式深入了解自己、發揮自己的優點、追求自己所愛，寫下屬於你自己的大歷史！」

若想要替「公眾」、「社會」寫下歷史，就必須有開放的心胸、接受嚴謹的邏輯與思辨訓練、具備堅毅不拔的意志、有

求真求實的熱情，以及非我不可的使命感，才能成為這個世代的「史官」，這也是他對有興趣從事史學研究的人，由衷的期許。END

◀ 林富士的妻子倪曉容（1959-2018）為他所畫的肖像，描繪出史學家的儒雅氣質。

林富士小檔案

現職：中央研究院歷史語言研究所特聘研究員
學歷：國立臺灣大學歷史學系學士
　　　國立臺灣大學歷史學研究所碩士
　　　美國普林斯頓大學博士
經歷：中央研究院歷史語言研究所研究員兼人類學組組主任、人類學門召集人、副所長、數位文化中心召集人
　　　輔仁大學宗教學研究所兼任教授
　　　東吳大學歷史研究所兼任客座教授
　　　國立政治大學宗教學研究所兼任教授
　　　國立臺北大學歷史學系合聘教授
　　　教育部顧問室顧問
　　　國立中興大學歷史學系講座教授、臺灣文學研究所所長、文學院院長
　　　國科會歷史學門召集人

> 做研究不外乎四個法門：廣泛閱讀、多學語言、
> 多交朋友和壯遊天下。只要人生的視野開闊了，
> 在堅實的學習與持續不懈的努力下，研究自然有成。

（○○）少年知識家

今晚不背公式 只說故事
—8 位影響世界的臺灣研究學者

作者｜親子天下編輯群
繪者｜陳志鴻、橘籽
採訪撰文｜王筑瑩、許佳榕、張靖媛、陳翊瑄
　　　　　廖國芬、歐宇甜、潘美慧
採訪協力｜科技部
審定｜胡川安、張怡玲、陳竹亭、陳俊堯（依姓氏筆劃排序）

責任編輯｜林媛玉、林洛安、張珮芩、廖國芬
封面設計｜黃見郎
執行單位｜親子天下整合傳播部

發行人｜殷允芃
創辦人兼執行長｜何琦瑜
副總經理｜林彥傑
總監｜林欣靜
版權專員｜何晨瑋、黃微真

出版者｜親子天下股份有限公司
地址｜台北市104建國北路一段96號4樓
電話｜（02）2509-2800　傳真｜（02）2509-2462
網址｜www.parenting.com.tw
讀者服務專線｜（02）2662-0332　週一～週五：09:00~17:30
傳真｜（02）2662-6048　客服信箱｜bill@cw.com.tw
法律顧問｜台英國際商務法律事務所‧羅明通律師
製版印刷｜中原造像股份有限公司
總經銷｜大和圖書有限公司　電話：（02）8990-2588

出版日期｜2020年11月第一版第一次印行
定價｜380元
書號｜BKKKC160P
ISBN｜978-957-503-695-9

訂購服務───────────────
親子天下 Shopping｜shopping.parenting.com.tw
海外‧大量訂購｜parenting@cw.com.tw
書香花園｜台北市建國北路二段6巷11號　電話（02）2506-1635
劃撥帳號｜50331356　親子天下股份有限公司

國家圖書館出版品預行編目資料

今晚不背公式 只說故事 — 8位影響世界的臺
灣研究學者 / 王筑瑩等採訪撰文. -- 第一版. --
臺北市：親子天下，
2020.11
200面；18.5 x 24.5 公分
ISBN 978-957-503-695-9(平裝)

1.臺灣傳記 2.人物志 3.訪談

783.32　　　　　　　　　　　109016687

立即購買 >